Über das Buch:

Kann man lernen, mit sich befreundet zu sein, die eigenen Wünsche und Ziele von fremden zu unterscheiden und seinen Rhythmus zu leben? Kann man Gelassenheit erlernen, schlechte Gewohnheiten verlernen und sich gegen Schicksalsschläge wappnen?

Seit Sokrates lehren Philosophen die Kunst, ein gutes Leben zu führen. Diese Tradition der Philosophie als Lebensanleitung und praktische Ratgeberin reicht bis heute. Theo Roos stellt einige der wichtigsten Philosophen der Lebenskunst vor: Heraklit, Diogenes von Sinope, Diotima, Pyrrhon, Epikur, Michel de Montaigne, Caroline Schlegel-Schelling, Arthur Schopenhauer, Friedrich Nietzsche, Albert Camus, Hannah Arendt, Michel Foucault, Gilles Deleuze. Er erzählt von deren Lebensweise und Lebensweisheit, veranschaulicht ihre zentralen Gedanken, zeigt ihre Haltung, ihre Art zu philosophieren und zu sein.

Am Ende jedes Porträts sprudeln die Vitamine, und der jeweilige Philosoph wird zum Coach, der seine Lebensregeln und Maximen mit konkreten Übungen verbindet. Denn so, wie wir unseren Körper fit halten, indem wir radfahren, tanzen, zum Yoga oder Joggen gehen, gibt es auch klare Anleitungen für Geist und Seele, einen Trainingsplan für alle Breitensportler des Lebens. In Theo Roos' philosophischen Vitaminen steckt das Basiswissen für alle, die Orientierung im eigenen Leben suchen. Ein Buch wie ein Energieriegel für den Hunger nach Sinn und Lebensglück!

Über den Autor:

Theo Roos, geboren 1953, ist freier Filmemacher, Musiker, Philosoph und lebt in Köln. Er veröffentlichte Artikel und Essays in Zeitungen, Zeitschriften und Sammelbänden und produziert Film- und Radioessays sowie Dokumentationen u. a. für ZDF, ARD, WDR, BR, 3sat, ARTE und ZDF/Theaterkanal.

Über den Künstler:

Nikolaus Heidelbach, geboren 1955 in Köln, ist einer der bekanntesten und beliebtesten deutschen Illustratoren. Er erhielt 2000 den Deutschen Jugendliteraturpreis als Sonderpreis für das Gesamtwerk, u. a. »Märchen der Brüder Grimm«, zuletzt »Hans Christian Andersens Märchen«.

Theo Roos

Philosophische Vitamine

Die Kunst des guten Lebens

Zeichnungen von Nikolaus Heidelbach

Kiepenheuer & Witsch

1. Auflage 2005

Zeichnungen: © Nikolaus Heidelbach, Köln
Umschlaggestaltung: Barbara Thoben, Köln
Umschlagillustration: © Nikolaus Heidelbach, Köln
Gesetzt aus der Minion und der Meta
Satz und Reproarbeit: grafik & sound, Köln
Druck und Bindearbeiten: Clausen & Bosse, Leck
ISBN 3-462-03475-8

Für Elisa, Rosa und Aron

Inhalt

»Sei du selbst! Das bist
du alles nicht, was du jetzt
thuest, meinst und begehrst.«

Friedrich Nietzsche

Vorwort

19
ROOS

Philosophie, das ist für viele zunächst Theorie: schwer verständlich, welt- und alltagsfern, verschroben, dann doch wieder interessant, weil ja jeder irgendwie Philosoph ist und über das Leben nachdenkt.
Nehmen wir Immanuel Kant, unseren philosophischen Vorzeigeaufklärer. Auf ihn trifft das alles zu. Seine berühmte »Kritik der reinen Vernunft« ist wie ein Korkenzieher, der sich durch unsere Gehirnwindungen dreht, an vielen Stellen mit dem Alltagsverstand überhaupt nicht nachzuvollziehen. Auch als Person ist Kant höchst verschroben, aber dann – in seinen kleineren Schriften – ist er wieder zugänglich für philosophisch untrainierte Leser. Dort gibt Kant die Richtung an, in die dieses Buch gehen will:
»Die alten griechischen Philosophen wie Epikur, Pyrrhon, Sokrates etc. sind also der wahren Idee des Philosophen weit getreuer geblieben, als in den neueren Zeiten geschehen ist ... Man muß doch nicht immer spekulieren, sondern auch einmal an die Ausübung denken. Allein heut zu Tage hält man den für einen Schwärmer, der so lebt wie er lehrt.«
Wenn Kant die Richtung vorgibt, dann ist Friedrich Nietzsche der Taktgeber. Er hat, weniger verschämt als Kant, auf ein anderes Philosophieren hingewiesen und auf die »neuen Möglichkeiten des Lebens, von denen nur zu hören Glück und Kraft bringt und auf das Leben Licht herabgießt«.
Mit dem ausdrücklichen Hinweis des nüchternen Kant dürfen wir in diesem Buch schwärmen von den neuen Möglichkeiten des Lebens und einer praktischen Philosophie, die bis heute

auf ihre zeitgemäße Anwendung wartet. Ihre Frage heißt: Wie lernt man zu leben? Philosophie als Lebenskunst und Sorge um sich selbst.

So leben, wie man lehrt, das heißt: mit Nietzsche lachen über hüftsteife Denker, mit Diotima tanzen, mit Diogenes in der Sonne liegen, mit Heraklit in den Fluß steigen, mit Epikur im Garten sitzen, mit Pyrrhon kochen, mit Montaigne einen Ausritt wagen, mit Hannah Arendt Herz und Kopf auf die Reise schicken, mit Caroline Schlegel-Schelling die Marseillaise singen, mit Gilles Deleuze Tennis spielen, mit Michel Foucault surfen, mit Schopenhauers Hund »Atman« spazieren gehen und mit Albert Camus den rollenden Stein steppen.

Was wäre eine Lebenskunst ohne Musik? Ein Irrtum! Sich selbst einen eigenen Rhythmus geben geht nur mit Musik. Sie wird zwischen den Zeilen hörbar sein.

Es gibt nicht so viel zu verstehen in diesem Buch, aber dafür viel zu machen. Kleine Übungen. Sie sprudeln wie philosophische Vitamine am Ende aus den Essays und brauchen Zeit, um ihre Wirkung zu entfalten. »Denn«, so Aristoteles, »wer eben begonnen hat, etwas zu lernen, der reiht die Lehrsätze zwar aneinander, aber er hat noch kein Wissen. Vielmehr muß der Gegenstand erst ganz mit dem Menschen verwachsen, und das braucht Zeit.«

Einer Theorie nachdenken und sie verstehen ist eine Sache, die andere ist, durch Praxis und Übung mit ihr zu verwachsen. Man hat noch keine Selbstbeherrschung, innere Ruhe und Freude an sich selbst, wenn man bei Philosophen etwas darüber gelesen hat. Das Einüben des Gelesenen beginnt dann erst.

Wenn dieses Buch solche Übungen und Wachstumsprozesse beim Leser anstößt, hat es seinen Zweck mehr als erfüllt. Wer als Leser Informationen sucht zum Thema »philosophische Lebenskunst«, wird auch auf seine Kosten kommen. Es ist nicht das schlechteste Thema beim Small talk auf Partys.

Vielleicht will jemand nur die Illustrationen von Nikolaus Heidelbach anschauen und dabei die zitierten Songs hören. Vielleicht bleibt jemand beim Durchblättern an einem schönen Zitat hängen und fühlt sich eingeladen, den betreffenden Philosophen zu lesen. Nur zu! Dieses Buch ist ein Werkzeugkasten. Man kann aus jedem Zwischenfach etwas rausnehmen, einen Hammer, Schraubenzieher etc., oder man entdeckt ein paar Muttern, die man gut gebrauchen kann. Hauptsache, man macht etwas damit!
Komplexe philosophische Theorien provozieren nicht selten Verstehenswiderstände, die philosophische Praxis einen anderen: den Widerstand, sich innerlich zu bewegen. »Never change a running system«, heißt die Grundprogrammierung der meisten von uns. Aber leider ist Lebenskunst ohne Veränderung nicht zu haben. Praktische Philosophie stellt unsere Grundprogrammierung auf den Kopf. Ihr Motto lautet: »Move your ass and your mind will follow«. Keine Angst! Die hier vorgestellten Lebenskünstler versprechen uns, daß schon nach kurzer Zeit die Freude an sich selbst die anfänglichen Veränderungsängste überstrahlen wird.

Diotima

Im Dionysischen

Chill-out. Die Party war heftig. Agathon, der Dichter, hatte am Tag zuvor mit seinem ersten Theaterstück den Tragödienpreis gewonnen. Das mußte gefeiert werden, mit Freunden, den Chorleuten und reichlich Wein. Es war ein rauschendes Fest. Am Tag danach herrscht Katerstimmung, und es stellt sich die Frage: Was machen mit diesem Zustand? Versuchen, mit ein paar Stützweinen noch mal in die Stimmung vom Vorabend zu kommen, oder nur Sinnieren im ruhigen Chill-out?
Nachdenken wurde schließlich angesagt für den Abend danach, den Platon im »Gastmahl« verewigt hat. Nachdenken über den Gott der Party, des Rausches und der Liebe: Eros alias Dionysos. Was machen also die Männer am Männerabend, wenn sie nicht um die Wette saufen?

Let's talk about sex ...

Sie reden über Sex, natürlich philosophisch temperiert, weil es sich um Dichter und Denker handelt. Die Flötenspielerinnen vom Vorabend werden weggeschickt, in den Nebenraum, zu den Weibern. Denken ist Männersache, und die Flöte des Dionysos stört dabei. Man könnte ja plötzlich auf andere Gedanken kommen, durch die Musik in einen südlicheren Süden gelockt werden, dorthin, wo die Götter sich ihrer Kleider schämen. Man könnte plötzlich mit Nietzsche realisieren, daß die Wahrheit »ein Weib ist und kein tugendhaftes« und daß Ausschlüsse sich nicht auszahlen. Aber die Männerrunde bewegt sich im Kontext der platonischen Akademie, und ihr Meister heißt Sokrates.

Er, »frisch gebadet und mit Schuhen an den Füßen, was bei ihm eine Seltenheit war«, ist wieder einmal unterwegs aufgehalten worden durch einen Gedanken, den er, wie man das schon von ihm kennt, auch zu Ende denken muß. Man wartet geduldig auf den Meister.

Als er endlich erscheint, bittet ihn Agathon, der Gastgeber und Preisträger, sofort neben ihm Platz zu nehmen, damit ihm, wie er sagt, »etwas von dem Weisheitsfunken zugute komme«, der Sokrates am Eingang des Hauses aufblitzte. Sokrates stellt noch im Hinsetzen klar, daß Weisheit nicht so einfach von einem vollen Becher über einen Faden in den leeren fließt. Weisheit läßt sich nicht lehren. Wer Weisheitssprüche zum Besten gibt, ist noch nicht weise und auch der nicht, den solche Sprüche durch Erklärung überzeugen. Weisheit ist eine Art zu sein, eine Lebensweise, die einer langen Übung bedarf. Schon wer behauptet, Weisheit zu besitzen, wird sie nicht haben, denn Weisheit ist ein Weg und eine Suche. Deshalb kühlt Sokrates begeisterte Anbeter immer ab mit der Bemerkung: »Ich weiß, daß ich nichts weiß.« Er gibt sich auch an diesem Abend bescheiden und läßt sich durch Agathons Bemerkung nicht dazu verleiten, die Meister-Message zu verkünden, sondern unterläuft das Angebot des frisch gekürten Literaturpreisträgers mit der ironischen Erwiderung, daß die Weisheit eher von Agathon auf ihn überströmen wird, wenn er schon neben ihm den prominenten Platz einnehmen darf. Im Subtext will er den anderen bedeuten: Weisheit läßt sich nicht bechern.

Da alle vom Vorabend angeschlagen sind und selbst die beiden kräftigsten Trinker an diesem Abend nicht nachlegen wollen, wird kurz darüber verhandelt, wie man dem Männerabend die »freiste und leichteste Form« ohne Wettsaufen geben könnte. Man einigt sich aufs Trinken nur nach Behagen, Trinken also ohne Trinkzwang. Jeder soll dabei eine Rede auf den Gott »Eros«

halten. Es wird ein Wettstreit der Lobreden auf Eros aufgeführt und Dionysos – einerseits als Gott des Weines, anderseits als Gott des Theaters – als Schiedsrichter bestimmt. Zunächst wird etwas Leichtes gegessen, dem Gott ein kleines Trankopfer gebracht, ein Loblied gesungen, und dann geht's los.

Was ist Eros? Erklär' mir Liebe!

Nun beginnt ein – mit Verlaub – theoretisches »Rumgeschwuchtel« über einen Gott, der ohne seine weiblichen Begleiterinnen kastriert wirkt. Der Ausschluß der Frauen und der Flöten rächt sich in der Theorie von Männern, die das Wissen lieben, aber von der Liebe nicht viel zu wissen scheinen. Was in ihren Reden auf Eros wiederkehrt, ist nur ein zurechtgemachter Ausschnitt, der dem wilden, Widerstand zerstörenden Gott effeminierte Züge verleiht.

Im Rühmen des Dionysos ist alles anwesend, was den platonisch parfümierten Logos ausmacht: binäres Denken, Dualismus unter Ausschluß des Dritten, Eingrenzung der Vernunft auf die Sphäre der Ideen und Ich-Kontrolle des Unwillkürlichen. Anders gesagt: Es wird nur bis zwei gezählt, Vernunft wird ins Himmlische projiziert, über das Leiblich-Erdhafte gestellt, und das Erotische soll sich der Selbstbeherrschung durch das Ich beugen. In den Reden gibt es den niederen und hohen Eros, es gibt den, der liebt, und den, der geliebt wird. Man könnte mit Nietzsche sagen, dieser Männerbund glaubt an diesen Ausschnitt des Gottes, weil diese Männer an ihre Grammatik glauben, die immer nach Subjekt und Objekt der Liebe, nach einem Liebenden und einem Geliebten verlangt. Aber Ernst Bloch hat nochmals daran erinnert: »Dionysos läßt sich nicht betrügen. Er bleibt das dunkle Feuer am Abgrund.«

Das »dunkle Feuer« leuchtet dann auch auf in der Rede von

Sokrates. Er redet sich mit Hilfe seiner Hebammenkunst, der mäeutischen Frage-Methode zur Findung der Wahrheit, rein in das Thema und reagiert auf Agathons Beitrag über den Eros fragend, um dann die Katze aus dem Sack zu lassen: Diotima. Sokrates gesteht, daß er in Sachen Liebe und Eros unbedarft war, bis er als junger Mann die weise Frau aus Mantinea getroffen hat.

Diotima hat ihn initiiert in Sachen Eros. Sie hat den Spieß umgedreht und Sokrates in die mäeutische Zange genommen. Diese Einweisung in den Eros referiert Sokrates dem verkaterten Männerbund. Es wird schnell deutlich, daß Diotima im Gegensatz zu den anwesenden Dichtern und Denkern bis drei zählen kann. Nach ihr ist Eros/Dionysos ein Mittleres zwischen Mensch und Gott: Er ist ein »großer Dämon«, ein Mittler zwischen Göttlichem und Menschlichem, und er ist »notwendig ein Philosoph«, der in der Mitte steht zwischen »einem Weisen und einem Toren«. Als Dämon und Philosoph verbindet er in sich »Straße« und »High-class-Logos«. Er kann sowohl »rauh und struppig, barfuß und obdachlos« sein als auch »listiger Späher nach dem Schönen und Guten«, also »der Weisheit Freund (Philosoph) sein Leben lang.« Zwischen Weisheit und Unwissenheit hält er die Mitte. Er ist weder schon wissend noch ganz unwissend und verkörpert darin das Begehren, das Streben nach dem Schönen und Wahren, ein Verlangen, vermöge dessen etwas aus dem »Nichtsein in das Sein« tritt. Eros ist das Symbol für das Schöpferische.

Diotimas Rede über den großen Dämon »Eros« gehorcht nicht der männlich-binären Logik. Eros ist für sie eine im höchsten Maße aufgespannte, exzessiv lebendige Einheit der Gegensätze: größte Sanftmut und zerstörerische Leidenschaft, würdige Gelassenheit und panische Entrückung, zutiefst geistig und himmlisch animalisch. In Diotimas Worten kann man Nietz-

sches Ton vorhören, seine Beschreibung des Dionysischen als »Genie des Herzens« und »verwilderten Dämon«, Dionysos als »Doppelnatur«, als Gott des »tragischen Widerspruchs«.
Diotima folgt in ihrer Beschreibung nicht der platonischen Grammatik. Eros/Dionysos löst die Subjekt-Objekt-Struktur des männlichen Denkens auf. In ihrer Eros-Einweisung antwortet sie auf die Frage von Sokrates nach dem Dritten und Mittleren zwischen Weisheit und Unwissenheit: »Die rechte Meinung, die es auch ohne Bewußtsein der Gründe gibt ... Sie, diese rechte Meinung, ist weder ein Wissen – denn wie könnte etwas ein Wissen sein, von dem man sich nicht Rechenschaft geben kann? – noch Unwissenheit – denn wie könnte etwas Unwissenheit sein, das mit der Wahrheit zusammenstimmt? Es ist also die rechte Meinung ein Mittleres zwischen Einsicht und Unwissenheit.«
Die »rechte Meinung«, von der man »keine Rechenschaft« geben kann, die es auch »ohne Bewußtsein der Gründe« gibt, läßt sich vielleicht mit dem Begriff »Intuition« beschreiben. Es ist wiederum Nietzsche, der – neben Hölderlin und den Romantikern – über 2000 Jahre später Diotima antwortet, wenn er unter dem Stichwort »Inspiration« einen »Zustand« des intuitiven Gewahrseins beschreibt, in dem »alles Sein Wort werden will« und Widersprüche sich ohne Bewußtsein der Gründe vermitteln. Es sind seine Zarathustra-Zustände, in denen »die Lieder des Liebenden erwachen«, seine Seele »das Lied eines Liebenden« wird, der »selbst die Sprache der Liebe« spricht. Es ist der erotisch-dionysische Zustand, in dem Nietzsches Seele singt.

Love and only love it makes the world go around /
no matter what you think about it /
you just won't be able to do without it.

In diesem Gesang – Philosophie kann auch ein Gesang sein, wie Deleuze bemerkt – spricht die Sprache der Liebe. Kein Männerbündler redet dort über die Liebe als Gegenstand, für den man Gründe sucht und über den man sich Rechenschaft ablegen muß. In diesem Zustand ist Eros »Sein geworden«. Nietzsches Ich ist »gleichsam zum Medium« des Eros und durch diese Erfahrung zum Anderen geworden. »Wer das Wort ›Dionysisch‹ nicht nur begreift, sondern sich in dem Wort ›dionysisch‹ begreift«, schreibt Nietzsche in »Ecce homo«, dem Rückblick auf seine Philosophie, »hat keine Widerlegung Platos oder des Christentums ... nöthig – er riecht die Verwesung ...«
Es ist diese »musikalische Stimmung«, in der das Dionysische etwas mit uns macht, ohne Angabe der Gründe, ein »dionysischer Zustand», in dem unsere Sinne, unser Körper instinktiv, ohne Widerlegung durch Argumente, jeden Ansatz einer Kadaverphilosophie an sich abprallen lassen, weil wir in diesem Zustand mit dem »untersten Selbst« verbunden sind, dem Selbst des Lebendigen in uns.
Es ist Diotima, die Sokrates zur Selbstsorge anleitet; sie initiiert ihn in einen psychagogischen Zustand, in dem, wie Nietzsche es erfährt, »jenes unterste Selbst gleichsam verschüttet, gleichsam still geworden unter einem beständigen Hören-Müssen auf andere Selbste« endlich wieder reden darf. Es ist die Selbstzone in uns, in der die plastischen Kräfte zur Selbstformung den inneren und äußeren Kontrollmächten entzogen sind. In dieser dionysischen Zone sind wir für Momente »bloss Mundstück, bloss Medium« der erotischen Kräfte, unter deren Einfluß »mit unsäglicher Sicherheit und Feinheit Etwas sicht-

bar, hörbar wird, Etwas, das Einen im Tiefsten erschüttert und umwirft«.

Es ist Nietzsche, oder soll man sagen: das Weibliche in Nietzsche, das Diotimas Eroserfahrung in sensibelster, »distinktester« Weise aufnimmt und neu formuliert:

> »Man hört, man sucht nicht; man nimmt, man fragt nicht, wer da gibt; wie ein Blitz leuchtet ein Gedanke auf, mit Notwendigkeit, in der Form ohne Zögern, – ich habe nie eine Wahl gehabt. Eine Entzückung, deren ungeheure Spannung sich mitunter in einen Thränenstrom auslöst, bei der der Schritt unwillkürlich bald stürmt, bald langsam wird; ein vollkommenes Ausser-sich-sein mit dem distinktesten Bewusstsein einer Unzahl feiner Schauder und Überrieselungen bis in die Fußzehen; eine Glückstiefe, in der das Schmerzlichste und Düsterste nicht als Gegensatz wirkt, sondern als bedingt, als herausgefordert, sondern als eine nothwendige Farbe innerhalb eines solchen Lichtüberflusses; ein Instinkt rhythmischer Verhältnisse, der weite Räume von Formen überspannt – die Länge, das Bedürfnis nach einem weitgespannten Rhythmus ist beinahe das Maass für die Gewalt der Inspiration, eine Art Ausgleich gegen deren Druck und Spannung ... Alles geschieht im höchsten Grade unfreiwillig, aber wie in einem Sturm von Freiheits-Gefühl ...«

Was Nietzsche als »dionysische Erfahrung« unter dem Begriff »Inspiration« beschreibt, ist der energetische Prozeß der Selbstsorge. Es ist eben ein leibhaft-seelischer Prozeß, der sich nicht auf den Logos, nicht auf eine Kopfangelegenheit reduzieren läßt. Das »Anders denken«, und in unwillkürlicher Folge dann »Anders leben«, vollzieht sich nicht in einem abgeschotteten Bereich der Vernunft. Wer sich dem Prozeß der Selbstsorge unterzieht, wird diese männlich codierten Grenzen einer reinen Vernunftlogik überschreiten müssen, nicht um im Chaos des

Anderen der Vernunft unterzugehen – *das* Angstphantasma der männlichen Vernunft –, sondern um sich neu zu formen, mit anderen Worten, sich wirklich zu verändern. Nietzsche ist sich bewußt, daß er eine Erfahrung beschreibt, die zu seiner Zeit – und auch heute – auf heftigsten Widerstand stößt, gerade weil die Codierungen dieser Vernunft immer raffinierter und feinmaschiger geworden sind.

»Dies ist meine Erfahrung von Inspiration«, schreibt er, »ich zweifle nicht, dass man Jahrtausende zurückgehen muss, um Jemanden zu finden, der mir sagen darf ›es ist auch die meine‹.« Diotima darf, und sie darf auch Sokrates darauf hinweisen, der den dionysischen Dämon zuweilen in sich spürt, wenn er zu vernünftig wird und dann von diesem Dämon zu hören kriegt: »Treibe Musik, Sokrates!«

Als erster Philosoph der Lebenskunst ist es dann Sokrates, der den reichen und schönen Jüngling Alkibiades antreibt, »sich um sich selbst zu sorgen«, sich dem Prozeß der Selbstsorge zu unterziehen, bevor er politische Führungsaufgaben übernimmt. Alkibiades soll durch diesen Prozeß der Selbstsorge zuerst lernen, sich selbst zu beherrschen, um dann als Politiker andere in rechter Weise zu führen. Doch Sokrates ist erst dank der doppelten Unterweisung durch Diotima (sie lehrt ihn den Eros der Selbstsorge und nimmt ihn in die mäeutische Vernunftzange) ein Mittlerwesen wie der Eros: Er ist die dionysische Mutter der Selbstsorge und in seiner fragenden Hebammenkunst (Mäeutik) Vater der männlich codierten Vernunft. Oder machte ihn Platon erst zum Vater dieser Vernunft?

Diotima jedenfalls wäre, wenn sie an diesem Männerabend bei Agathon teilgenommen hätte, aus dem Lachen nicht herausgekommen über diesen »unbändigen Liebesdrang nach Berühmtheit«, diesen Willen zum Wissen und das erfahrungslose und erfahrungsverstellende Reden über den Eros. Man könnte sich vorstellen, daß sie ziemlich schnell tänzelnd in den Nebenraum zu den Frauen und Flötenspielerinnen gegangen wäre, vielleicht mit einer kleinen Gesangseinlage:

Bring me the disco king, bring me the disco king ...
Dance, dance, dance, through the fire ...
Feed me no lies ...

Die hüftsteifen Denker und Dichter reden und trinken derweil weiter mit Behagen, bis ein Gepolter an der Tür sie aus ihrem gediegenen Diskurs reißt: Alkibiades, sturzbetrunken, betritt den Raum, gestützt auf die Flötenspielerinnen, und hebt das Trinkgebot des Abends »nach Behagen« wieder auf. Fortan sind alle, wenn schon nicht *im* Dionysischen, dann wenigstens im Suff *über* Dionysos. Die meisten pennen nach einer Weile ein, nur Sokrates hört man noch reden. Sein Thema mittlerweile: Tragödie und Komödie.

Die Frauen im Nebenraum werden natürlich durch keine weitere Bemerkung im »Gastmahl« gewürdigt, aber man kann sich vorstellen, daß sie noch feiern, tanzen, lachen und singen. Diotima stimmt vielleicht gerade einen Country-Song von Lucinda Williams zu Ehren der Demeter an, begleitet vom Schnarchen der Dichter und Denker nebenan:

I don't want your drugs, I don't want your money,
I just wanna steal your love.
I want you to squeeze me and call me honey,
I just wanna steal your love.

Give me your strong hand, go away with me,
I won't have to steal your love.
Come on, let me kiss you and set you free,

I won’t have to steal your love.
I won’t have to steal your love.
I won’t have to steal your love.

Diotimas Vitamine:

Vitamin A: Treibe Musik!

Vitamin B: Tanz, tanz, tanz!

Vitamin C: Suche das Dritte, das die Gegensätze vereint, ohne sie aufzuheben.

Friedrich Nietzsche

Der Taktgeber

Freude am Leben, Freude am eigenen Selbst, der fröhliche Ernst und die Weisheit voller Schelmenstreiche, so beschreibt Nietzsche vor hundertfünfzig Jahren eine philosophische Haltung der Zukunft. »Wenn alles gutgeht«, fügt er hinzu.

Zurück in die Zukunft

Die Anfänge einer solchen zukünftigen Lebenskunst findet Nietzsche bei den »Mittlerphilosophen« der Antike, allen voran Sokrates, unter ihnen auch Epikur und Pyrrhon, später bei Montaigne und Schopenhauer. »Dichter des Lebens« nennt er sie. Ihre Lebensweise hat den Spruch des delphischen Gottes, »Erkenne dich selbst«, praktisch ausgelegt. Jener Gott, der »nicht verbirgt, nicht verkündet, sondern nur zeigt«. Sein orakelhafter Schildspruch verwies diese Dichter des Lebens auf Seitenstraßen, weg von der Autobahn der philosophischen Großtheorien. Sie folgten nicht dem theoretischen Erkenntnishighway der platonischen Ideen, dessen Belag Descartes im 17. Jahrhundert mit seiner Methodik der Selbsterkenntnis (»Ich denke, also bin ich«) neu zementiert und für die Moderne befahrbar macht. Sie begaben sich statt dessen auf die unwegsamen Seitenpfade der praktischen Philosophie. Für die Mittlerphilosophen war der Planet bereits mit großen Pflasternetzen überzogen und der Theoriestau am Horizont der europäischen Denkgeschichte unvermeidlich. Sie wollten sich nicht in ein gemachtes Selbst (»selbst« heißt im Griechischen »auto«) setzen, sie zogen es vor, zu Fuß zu gehen.

»Trau' keinem Gedanken, der im Sitzen kommt«, war einer ihrer Wahlsprüche. Sie waren als Underdogs unterwegs, die kleinen Wahrheiten des Lebens mit den Fußspitzen antippend, im Vorbeigehen. Die anderen, das waren die im schicken Auto, die Philosophen-Stars in den Stretchlimos mit getönten Scheiben, mit philosophisch getunten, rundlaufenden Theorie-Maschinen.
»Die Maschine als Lehrerin«, schreibt Nietzsche in »Der Wanderer und sein Schatten«. »Sie macht aus vielen eine Maschine und aus jedem Einzelnen ein Werkzeug zu einem Zweck ... Sie macht thätig und einförmig.« Für die Mittler der Lebenskunst kommt dagegen die Wahrheit auf Taubenfüßen. In der Stille. Im Gespräch mit sich selbst. Sie wird verscheucht vom Lärm der Denk-Maschinen. »Phone« nennen sie den Lärm, das Geräusch, das Sirren und Surren der Theorien. »Phone« ist für sie das Sprach- und Diskursgemurmel, »phone«, das ist die vom »bios«, dem Lebendigen, abgezogene Vielwisserei, ein leer laufender »logos«, eine dem Leben enthobene Vernunft, ein Wissen, das nicht zur Handlung wird.
Nietzsche versteht sofort die boshaften, spöttischen Invektiven eines Epikur gegen Platon und die Platoniker. Epikur, der »Gartengott«, wie Nietzsche ihn nennt, der seine Schule Frauen und Sklaven öffnete und der im Freien, im Garten, nicht in der Akademie lehrte, bezeichnete die Platoniker, diese Spitzenathleten der Theorie, als Schmeichler des Dionysios, als Tyrannenzubehör und Speichellecker, als Schauspieler der Philosophie. Sie haben gelernt, sich mit Theorien in Szene zu setzen, aber dabei nicht geprüft und bezeugt, ob und wie man danach leben kann. Die Dichter des Lebens sind dagegen eher Breitensportler der Philosophie. Sie trainieren den Logos im Alltag.

Sie kochen auf kleiner Flamme und gestatten sich nur vitaminöse Theorien, solche, die dem Leben dienen.
Schon in seinen Erstlingswerken beklagt Nietzsche dieses Auseinanderdriften von Theorie und Praxis in der europäischen Philosophie. »Ich mache mir aus einem Philosophen gerade soviel als er im Stande ist, ein Beispiel zu geben. ... Aber das Beispiel muss durch das sichtbare Leben und nicht bloß durch Bücher gegeben werden, also dergestalt wie die Philosophen Griechenlands lehrten durch Miene, Kleidung, Speise, Sitte mehr als durch Sprechen oder gar Schreiben.«
Natürlich spürt Nietzsche sofort die, wie er es nennt, »Selbstumschränkung« durch Theorien, nicht nur in der akademischen Philosophie, sondern überhaupt in der Wissenschaft seiner Zeit. Er, der akademische Überflieger, wurde mit 23 Jahren in Basel Professor für Altphilologie und hörte aus nächster Nähe das Summen und Brummen der Theorien, auch in seinem eigenen Kopf. Migräneanfälle plagten ihn. Nach zehn Jahren hatte er genug. Die Lehre machte ihm Spaß. Die Studenten auf den griechischen Sprachrhythmus, auf den antiken Groove zu bringen, das war für ihn erfüllend. Aber das allgemeine akademische Klima stimmte ihn eher depressiv. Bis auf den Historiker Jakob Burckhardt fand er niemanden, der einen ähnlichen Takt hatte wie er. Außerhalb der Uni gab es noch den Dichter Gottfried Keller. Zudem wurde seine erste große wissenschaftliche Schrift, »Die Geburt der Tragödie aus dem Geiste der Musik«, sofort von Kollegen mit dem Verdikt »unwissenschaftlich« belegt. Nietzsche bekam die Disziplinarmacht »Wissenschaft« zu spüren. Der dionysische Rausch als Grundlage der griechischen Kultur, so Nietzsches These in der »Geburt der Tragödie«, das war zuviel für die akademische Zunft. Rausch und wissenschaftliche Objektivität, das ging nicht zusammen. Natürlich wurde der Angriff mit hochdifferenzierten Argumenten sachlich geführt,

aber das ging alles an der Kraft und dem Drive dieser Schrift, deren Energie man heute noch spüren kann, vorbei.
Vielleicht bekam Nietzsche durch den Lehrstreß einen Hörsturz. Jedenfalls hört er in den wissenschaftlichen Theorien nur noch Obertöne, nicht mehr den Grundbaß des Lebens. Nietzsche fühlt sich einsam. Er sucht nach einem geistigen Coach. War *er* verrückt, oder waren es die Theoretiker? Schopenhauer wird sein Trainer in der philosophischen Disziplin »Lebenskunst«. Da gibt es außer ihm noch so einen »Durchgeknallten«, zeitlich nicht so weit weg wie die anderen Mittler. »Schopenhauer als Erzieher«, lautet der Titel einer, wie der junge Professor schreibt, »unzeitgemäßen« Schrift. Er spürt sofort ein »zauberartiges Ausströmen der innersten Kraft« bei der Lektüre von Schopenhauers »Die Welt als Wille und Vorstellung«. Durch das Buch hindurch entdeckt er den »lebendigen Menschen« Schopenhauer.

Sei du selbst ...

Bei dieser »rauhen bärenmäßigen Seele« findet er das, was er sucht und an der Uni nicht findet: »Ehrlichkeit, Heiterkeit, Beständigkeit«. Der skurrile, buddhistisch angehauchte Philosoph des Nichts mit seinem Pudel, genannt »Atman«, hat sich von dem universitären Betrieb nicht beeindrucken lassen. Auch Schopenhauer hat sich auf die Seitenpfade der Philosophie begeben und, wie die Lebenskünstler der Antike, die Frage nach dem Sein des Selbst neu gestellt. »Sei du selbst! Das bist du alles nicht, was du jetzt thuest, meinst und begehrst«, ruft Schopenhauer Nietzsche zu. Diese Loslösung von sich selbst und das Infragestellen von verinnerlichten Werten und geschichtsmächtig gewordenen Theorien markieren die erste Umkehr des Subjekts in der Praxis der Lebenskunst, das »wichtigste Verhör« mit sich selbst. An diese Loslösung knüpft sich die Frage: »Wie finden wir uns selbst wieder?« Es geht, wie Nietzsche später präzisiert, nicht um das Wiederfinden eines schon existierenden Selbst, sondern um das Erfinden. Das ist, wie nach Nietzsche Foucault sagen wird, die »ethopoietische« Funktion der Selbstkultur in der Antike. »Ethos« heißt Haltung. Das eigentliche Selbst ist zu erdichten und in eine Haltung zu bringen. In diesem Sinn sind wir die Dichter unseres Lebens. Jeder Mensch ist ein Künstler, wird Joseph Beuys später sagen. Der Künstler macht sich selbst zum Werkstoff, zum Experiment. Es geht um Haltung und Verkörperung, um eine Ästhetik der Existenz.

Das »Grundgesetz deines eigentlichen Selbst«, schreibt Nietzsche in der Apologie auf Schopenhauer, »ist nicht tief verborgen in dir, sondern unermeßlich hoch über dir.« Dieses »über« wird später bei ihm zum »Übermenschen«. Dem virtuellen Übermenschen entspricht ein anderes Potential in uns, ein »Grundstoff«, etwas »Gebundenes, Gelähmtes«, das »schwer zugänglich« ist, da es überlagert und »umschränkt« ist durch genormte Denkstrukturen. Nietzsche beschreibt diese noch ungenormte, innere Potenz an anderer Stelle als »Naturkraft«. Ihre Energie gewinnt in der Arbeit am Selbst Gestalt. Im ästhetischen Kontext spricht er von der »dionysischen Urkraft«, benannt nach »Dionysos«, dem Gott des Rausches und der Entgrenzung. Mit diesem »Grundstoff«, mit dieser »plastischen Kraft« in uns, treten wir in bestimmten Situationen unseres Lebens in Verbindung. Zum Beispiel, wenn es zu Konflikten kommt zwischen den Ansprüchen der Gesellschaft und dem eigenen Begehren. Wir fragen dann im Blick auf unsere Lebensweise und die Normen der Gesellschaft: »Ist das so? Muß das so sein? Oder ist das alles viel leichter?« Nietzsche nennt diese fragende Stimme den »Genius« in uns. Sokrates spricht von seinem »Dämon«. Es sind diese kleinen Reminder, die aufspringen, wenn wir uns verlieren, in Job, Familie oder Geselligkeit.

Lebe ich noch?

»Lebe ich noch?« Das ist die entscheidende Frage. Wofür entscheiden wir uns? Die Situationen, Ausgangspunkte und Konstellationen sind je verschieden, aber die Frage und die Situation kennt jeder. Gehen wir zurück in die »Kette«, oder hören wir auf die fragende Stimme?

Jedesmal, wenn wir auf die Stimme hören, wächst ein Stück Selbst, entwickelt sich mehr Freude am eigenen Selbst. Gemeint ist ein anderes Wachstum als das ökonomische, das die heutige Gesellschaft noch immer in den Vordergrund stellt. »Die gebildeten Stände und Staaten werden von einer großen verächtlichen Geldwirthschaft fortgerissen. Niemals war die Welt mehr Welt, nie ärmer an Liebe und Güte«, attestiert schon Nietzsche in der »Morgenröte« der sich formierenden Wachstumsgesellschaft seiner Zeit. Merkwürdig, wie dieser Begriff verkehrt wird, wie er dem Wachstum des Selbst, dem Erwachsenwerden im Wege steht, wie er für das ökonomische Wachstum in Dienst genommen wird und in dieser verdrehten Bedeutung auf uns zurückwirkt.

Unter dem Titel »An die Lehrer der Selbstlosigkeit« deckt Nietzsche in der »Fröhlichen Wissenschaft« diese Verkehrung auf. Er zeigt dort, wie die Erziehung einer solchen an Wachstum orientierten Gesellschaft den Grundstoff der Selbstbildung mit dem ökonomischen Wachstum im Geist der »Selbstlosigkeit« zur Förderung des Allgemeinwohls verbindet. Die Kräfte, die zur Selbstbildung, zum inneren Wachstum notwendig sind, werden durch die gesellschaftlich vorherrschende Moral auf das ökonomische Wachstum verpflichtet, und jede Neigung zur Selbstsorge wird unter Egoismusverdacht gestellt. Die am ökonomischen Wachstum orientierte Gesellschaft braucht in erster Linie gut funktionierende »Werkzeuge«, »selbstlose« Diener ihres Ideals.

»Freilich: Zur Erziehung und Einverleibung tugendhafter Gewohnheiten kehrt man eine Reihe von Wirkungen der Tugend heraus, welche Tugend und Privat-Vortheil als verschwistert erscheinen lassen, – und es gibt in der That eine solche Geschwisterschaft! Der blindwüthige Fleiß zum Beispiel, diese typische Tugend eines Werkzeugs, wird dargestellt als der Weg zu Reichtum und Ehre und als das heilsamste Gift gegen Langeweile und die Leidenschaften: aber man verschweigt seine Gefahr, seine höchste Gefährlichkeit. Die Erziehung verfährt durchweg so: sie sucht den Einzelnen durch eine Reihe von Reizen und Vortheilen zu einer Denk- und Handlungsweise zu bestimmen, welche, wenn sie Gewohnheit, Trieb und Leidenschaft geworden ist, wider seinen letzten Vortheil, aber zum ›allgemeinen Besten‹ in ihm und über ihm herrscht. Wie oft sehe ich, dass der blindwüthige Fleiß zwar Reichtum und Ehre schafft, aber zugleich die Sinne stumpf und den Geist widerspenstig gegen neue Reize macht. (Das fleissigste aller Zeitalter – unser Zeitalter weiss aus seinem vielen Fleisse und Gelde Nichts anderes zu machen, als wieder mehr Geld und immer mehr Fleiss. Es gehört eben mehr Genie dazu, auszugeben, als zu erwerben! ...) Gelingt die Erziehung, so ist jede Tugend des Einzelnen eine öffentliche Nützlichkeit und ein privater Nachteil im Sinne des höchsten privaten Ziels. Das Lob des Selbstlosen, Aufopfernden, Tugendhaften – also Desjenigen, der nicht seine ganze Kraft und Vernunft auf seine Erhaltung, Entwicklung, Erhebung, Förderung ... verwendet, sondern in Bezug auf sich bescheiden und gedankenlos, vielleicht sogar gleichgültig und ironisch lebt – dieses Lob ist jedenfalls nicht aus dem Geiste der Selbstlosigkeit entsprungen.«

Das Lob der Selbstlosigkeit entlarvt Nietzsche als Ideologie. Dahinter steckt der Egoismus eines Systems, das die mögliche

Freude an sich selbst nur deswegen denunziert, weil alle Kräfte fürs ökonomische Wachstum gebraucht werden. Gelockt wird mit gesellschaftlichem Reichtum, der dann allen Mitgliedern zugute kommen soll. Nietzsche wird diese Vertröstungsmoral im christlichen Kontext wiederfinden und sie mit Heine als »Eiapopaeia vom Himmel« und mit Marx als »Opium des Volks« entlarven. Schön fleißig und brav sein, dann kommen wir alle ins »Wachstumsparadies« und nach dem In-Rente-Gehen sofort in den Himmel.
Der Altphilologe denkt über die Grenzen seiner Wissenschaft hinaus und wird nach und nach für sich selbst, auf dem Hintergrund seiner universitären Erfahrungen, diese »Geschwisterschaft« von Allgemeinwohl und vermeintlichem Selbstwohl unter dem Diktat des ökonomischen Wachstums trennen. Nach Goethes Motto »Nur die Lumpe sind bescheiden« kehrt er das Ganze um. Er will sich selbst gegenüber nicht bescheiden, gedankenlos und gleichgültig bleiben. Er will nicht mehr Diener eines mehr als zweifelhaften Wachstums sein. Er will nicht mehr mit blindwütigem Fleiß »antike Metriker mit Akribie und schlechten Augen durchkriechen«, will kein Gelehrter sein, »der im Grunde nur noch Bücher wälzt – der Philologe mit mässigem Ansatz des Tages ungefähr 200«. Er will sich um sich selbst sorgen und Freude am eigenen Selbst haben.

Fröhliche Wissenschaft

Nietzsche beginnt mit dem fröhlichen Ernst und der Weisheit voller Schelmenstreiche. Schritt für Schritt legt er die Ideale dieser Wachstumsideologie und der damit verlöteten Philosophien und Religionen der Selbstlosigkeit ironisch auf Eis. Dabei präsentiert er keine Kopfvorgänge, sondern redet von Erlebtem. Dies überträgt sich beim Lesen von Nietzsche: Man wird sensibilisiert für unbelebtes Wissen. Nietzsche hat dafür »Nüstern« entwickelt. Wer Nietzsche liest und dabei ähnliche Empfindungen in sich aufkommen läßt, dem schärfen sich die Sinne. Der kategorische Imperativ Kants riecht dann plötzlich nach Grausamkeit, und Hegel ist ein Geschmack. Denken wird bei Nietzsche extrem sinnlich. »Sophos«, der Weise, in der Wortbedeutung von Philosophie, gehört für ihn etymologisch zu »sapio«, also schmecken, zu »sapiens«, dem Schmeckenden. Der Ausdruck bezeichnet »das Wählende, mit Geschmack ausscheidende: während sich Wissenschaft ohne solchen Feingeschmack auf alles Wißbare stürzt«.

Manchen Theorien muß man dann nicht mehr langwierig diskursiv folgen, um sie anschließend argumentativ zu widerlegen oder zu rechtfertigen; man riecht und schmeckt schon nach einer Seite, welche Langeweile oder Erregung uns die nächsten Seiten bieten werden. Im schlimmsten Fall hört man sofort den hohlen, weil vom Leben abgezogenen Ton des Vorgestellten.

Mit dem Hammer philosophieren ...

Nietzsches Grundwerkzeug, der Hammer, kommt dabei oft zum Einsatz. Mit dem Hammer werden Theorien daraufhin abgeklopft, ob sie hohl klingen. Das ist Nietzsches philosophischer Soundcheck. Und so initiiert er uns in die Kunst der philosophischen Physiognomie. Man sieht dann plötzlich die spitzen, feinen Mündchen in den eleganten »Selbstumschränkungstheorien«, die so fein von Wahrheit reden, daß die groben Lügenmäuler dahinter uns förmlich ins Gesicht springen.

Überhaupt sind für Nietzsche, den vermeintlich verunglückten Musiker, Worte Tonzeichen, Sounds für Empfindungsgruppen. Wir verstehen noch nicht richtig, wenn wir nur dieselben Worte gebrauchen. Wir müssen ähnliche »Empfindungsgruppen« mitbringen, letztlich brauchen wir ähnliche Erfahrungen, um uns in einem tieferen Sinne zu verstehen. Gedanken sind für ihn Melodien. Wie klingen Sätze? Kommen sie aus der Kehle oder dem Zwerchfell? Wie klingt ein »Geist«? Knochentrocken?

»Man gewöhne sich aber nur erst daran, jede Erfahrung in ein dialektisches Frage- und Antwortspiel und in eine reine Kopfangelegenheit zu übersetzen: es ist erstaunlich, in wie kurzer Zeit der Mensch bei einer solchen Thätigkeit ausdorrt, wie bald er fast nur noch mit den Knochen klappert.«

Nietzsche ist ein Technikfreak. Nicht nur, daß er sich sofort das neue Schreibgerät, die Schreibmaschine, eine dänische »Malling Hansen« bestellt, er reflektiert auch gleich diese neue Schreibtechnologie: »Die Maschine arbeitet mit an meinen Gedanken.« Er ist User und Denker der Maschine. Aber wie soll es auch anders gehen? Erfahrungen macht man nur in der Praxis. Deshalb haben seine Analysen des anbrechenden Maschinenzeitalters nichts Moralines und Besserwisserisches.

Auch im Umgang mit Technik sind die Lehren der Selbstlosigkeit fatal. Denn Maschinen sind wie Theorien Lockvögel. Nietzsche, der Kenner philosophischer Software, macht am eigenen Körper die Erfahrung des Maschinellen und erkennt: Auch Technik kann zu einer Form der Selbstflucht werden.

»Ja, man denkt, schreibt, druckt, spricht, lehrt philosophisch-«, tippt er in seine Hansen, »so weit ist ungefähr alles erlaubt, nur im Handeln, im sogenannten Leben ist es anders: da ist immer nur Eines erlaubt und alles Andere einfach unmöglich: so will's die Bildung.« Und dann folgt die Frage nach dem Gespenst, das umgeht: »Sind das noch Menschen, fragt man sich dann, oder vielleicht nur Denk-, Schreib- und Redemaschinen?«

Nietzsche hätte das Zeug dazu gehabt, selbst eine gut laufende Philologenmaschine zu werden – er war es sogar für eine Zeit –, wie jeder das in seinem Bereich werden kann. Fast alles kann als

Lockvogel fungieren, um vor uns selbst zu fliehen. Nietzsche nennt Politik, Reichtum, Ruhm, Geselligkeit und Wissenschaft. Man kann ohne Zögern Kunst und Bildung hinzusetzen. Der Gebildete kann sogar zum größten Feind der Bildung werden, zum Feind der Selbstbildung.

> »Jede Bildung ist hier verhasst, die einsam macht, die über Geld und Erwerb hinaus Ziele steckt, die viel Zeit verbraucht«, schreibt Nietzsche bei der Auflistung von Selbstumschränkungstechniken. »Man pflegt wohl solche ernsteren Arten der Bildung als ›feineren Egoismus‹, als ›unsittlichen Bildungsepikureismus‹ zu verunglimpfen. Freilich, nach der hier geltenden Sittlichkeit steht gerade das Umgekehrte im Preise, nämlich eine rasche Bildung, um bald ein geldverdienendes Wesen zu werden, und doch eine so gründliche Bildung, um ein sehr viel Geld verdienendes Wesen werden zu können. Dem Menschen wird nur soviel Kultur gestattet, als im Interesse des allgemeinen Erwerbs und des Weltverkehrs ist, aber soviel wird auch von ihm gefordert.«

Bildungs-Wachstum unter der Fuchtel des ökonomischen Wachstums. Je nach Stand der Technik können wir zu Schreib-, Grammophon-, Tonband-, Telefon-, Radio-, Fernseh- oder Computermaschinen werden. Denker/-innen und Dichter/-innen bleiben oft deshalb unverständlich, weil sie mit diesen Technologien virtuos arbeiten, aber gleichzeitig unsere Anverwandlungen an das jeweilige Medium aufzeigen. Sie spielen uns die subkutanen Melodien vor, die unhörbare programmatische Musik der Gesellschaft. Je nachdem, inwieweit wir bewußt oder unbewußt mit diesen sublimen Sounds der Gesellschaft identifiziert sind, wollen wir diese unsere Identifikation entlarvenden Melodien nicht hören. Wir bezeichnen dann diese Entlarvungskunst gerne als »unverständlich«. In Wahrheit rührt diese Kunst an unserer gewohnten Selbstumschränkung, in der wir uns so intelligent eingerichtet haben. Wir müßten dieses »soviel Kultur ... im Interesse des allgemeinen Erwerbs« in Frage stellen und noch dazu unsere eigene Rolle und Verstrickung in und mit einer solchen Kultur. Wer will schon seine langwierig zusammengetragene intellektuelle Einrichtung als raffinierte gesellschaftliche Zurichtung erkennen und auf den Sperrmüll tragen? Nietzsche zielt mit dem Begriff »Selbstumschränkung« genau auf diese raffinierten Mechanismen der Identifikation, deren Abwehrstrategien gegenüber der Aufdeckung solcher Mechanismen natürlich ebenso raffiniert funktionieren.

Ein aktuelles Beispiel ist die Nobelpreisträgerin für Literatur 2004, Elfriede Jelinek. Sie beherrscht wie keine andere und kein anderer das elektronische Schreiben mit dem Computer. Sie samplet, schneidet, verschiebt und verzieht den automatenhaften Sprachmüll aus den verschiedensten Bereichen des Öffentlichen – von Schlagern, Groschenromanen über Philosophie bis zu Porno, von Politikern, Medienmackern und -tussis – so, daß die einzelnen Sprachfetzen ihr Hohles, Gewaltsames und Verlogenes wie von selbst preisgeben. In der ihr eigenen Forcierung werden die maschinellen Sprechweisen zur »Kenntlichkeit entstellt.« Ihr Fazit, ähnlich dem Nietzsches vor hundertfünfzig Jahren: »Die junge herrscher generation is working«, ist sportiv, braungebrannt und ist Fernsehen geworden.

»Selber das Fernsehen werden, das wär's«, schreibt Elfriede Jelinek in ihrem »Sportstück«. Wir sind zu gezappten Spektralkrüppeln geworden, zu Medienmarionetten, die an den Fäden des Massenbedürfnisses gezogen werden, so ihre vorerst letzte Diagnose. Nichts scheint sich seit Nietzsche verändert zu haben an dem »too much of nothing«. Nur die Botschaft, die (das wissen wir seit Marshall McLuhan) das Medium ist. Und natürlich verzeihen wir Elfriede Jelinek nicht, wenn sie uns virtuos zurückspielt und -spiegelt, was aus uns geworden ist. Wir wundern uns noch, warum sie keine öffentliche Person sein will. Sie muß sich nicht mehr dem Markt der fernsehmodulierten Körper und quotenreduzierten Köpfe aussetzen. Sie kann jetzt mit der Nobelmillion noch ruhiger beiseite gehen und vielleicht ab und an wieder das machen, was sie neben dem Schreiben auch gelernt hat: Klavier spielen. Vielleicht ein Stück von Bob Dylan, den manche ja auch zu den Nobelpreiskandidaten zählen: »Sign on the window says lonely, sign on the door says no company allowed.« Dazu paßt Nietzsches schöne Definition von Musik: »Das Von-selber-Ertönen der tiefsten Einsamkeit«. In diesem Von-selber-Ertönen der Einsamkeit hätten sie sich getroffen.

Für Nietzsche war, was heute schon ein Slogan der Werbung ist, das Leben ohne Musik ein Irrtum. »Ohne Musik wäre das Leben ein Irrtum«, tippt er in die Tasten seiner Schreibmaschine.

»Musik gibt mir Sensationen. Sie macht mich von mir los, sie ernüchtert mich von mir, wie als ob ich mich ganz von Ferne her überblickte, überfühlte; sie verstärkt mich dabei, und jedes Mal kommt hinter einem Abend Musik, ein Morgen voller resoluter Einsichten und Einfälle.«

Nietzsche hätte ein Ohr gehabt für Jelineks Sprachmusik, für ihr avantgardistisches Schreiben auf der Höhe der Technik, für ihre Fähigkeit, die Sprache musikalisch biegsam zu machen, die Sprache selbst sprechen zu lassen. Da er selbst Klavier spielte und komponierte, hatte er ein eminentes Klangbewußtsein für Sprache. Nietzsche lesen ist Nietzsche hören. Aber auch seine Wahrheiten kommen auf Taubenfüßen. Um sie zu hören, müssen wir zuallererst die Ohren gegen die Sirenen des Marktes verstopfen und das Gemurmel im Kopf ausschalten.

»Jede Bildung ist hier verhasst, die einsam macht.« Diese PISA-studie des Philosophen greift heute mehr denn je, in unserem Mediengewitter.

Der erste Schritt der Sorge um sich selbst ist das Beiseitegehen. In den Genuß der Einsamkeit kommen wir nur in der Praxis. Doch allein die Vorstellung eines möglichen Rückzugs auf uns selbst ruft die Widerstände der Selbstumschränkung auf:
»Ich habe nicht die Zeit dafür ... was soll das? ... albernes Gerede von Selbstfindung oder Selbstsorge, wie auch immer ... der hatte gut reden auf seinem Berg in Sils Maria ... als Frührentner-Professor ... der Frauenfeind ... gehst du zum Weibe, vergiß die Peitsche nicht ... so ein Schwachsinn ... und hat er den Nazis nicht gedankliche Vorlagen gegeben? ... verrückt ist er am Ende auch geworden ... der hat'n Knall«, so könnten die an den Markt gebundenen inneren Stimmen klingen. Sie sind auf Reduktion und Schnell-fertig-werden-Müssen programmiert. Alles soll allen sofort verständlich sein. Der legitime und richtige Impuls, vielen zugänglich zu sein, wird zur Abwehr jeglicher Irritation verdreht. Aber wie sollen wir uns verändern ohne Irritation?
Als geschulter Philologe hat Nietzsche ein feines Gespür für die leitenden Interessen von Interpretationen. Sein philosophischer Perspektivismus basiert auf diesen Erfahrungen im Umgang mit Texten. So wie es keine Wahrheit des Textes gibt, sondern nur Interpretationen, gibt es auch keine wahre Welt jenseits der ausgelegten. Jede Weltauslegung ist immer schon Interpretation. Auf den Einwand, daß der Gedanke der perspektivischen Erkenntnis selbst wieder nur eine Perspektive bzw. Interpretation ist, antwortet Nietzsche mit einem schlichten: Ja! Genau das will er damit sagen: Wir kommen aus diesem perspektivischen Zirkel nicht heraus. Wenn aber die »wahre Welt« zur Fabel wird, dann gibt es auf der Seite des Erkennenden keine »Objektivität« mehr. Mit der »wahren Welt« wird auch der »objektive Standpunkt« zur Fabel. Interpretationen, Perspektiven, Auslegungen sind nach

Nietzsche auch immer Wertungen. Die »Existenz-Bedingungen« des Interpreten arbeiten mit an seinen Interpretationen. Ist ein Interpret arglos gegenüber den »Lockmitteln der Abhängigkeit, welche in Ehren, oder Geld, oder Ämtern ... versteckt liegen«, dann werden diese »Lockmittel« als Kräfte von hinten (vives a tergo) seine Interpretation führen und begrenzen. Er wird sich aus dem Rahmen, den diese Abhängigkeiten abstecken, nicht bewegen können. Seine »Existenz-Bedingungen« bestimmen sein Bewußtsein. Das Wissen von den Abhängigkeiten und deren Lockmitteln wird seine Theorie zwar raffinierter und zynischer machen, ihn aber nicht aus dem Rahmen entlassen.

Den Personen, die sich, aufgrund ihrer geänderten Existenzbedingungen, von diesen Abhängigkeiten gelöst haben, wird der Noch-Abhängige mit Argwohn und Unverständnis begegnen. Er wird der Irritation, die der andere durch seine Unabhängigkeit in ihm hervorruft, aus dem Weg gehen, und er wird in einer Mischung aus Faszination und Abwehr eine Kritik am anderen formulieren, in der das Losgelöstsein des anderen als »unverständlich« apostrophiert werden muß. In »Jenseits von Gut und Böse« reflektiert Nietzsche in einem kleinen Aphorismus solche Abwehrmechanismen:

»›Er mißfällt mir.‹ – Warum? – ›Ich bin ihm nicht gewachsen.‹ – Hat je ein Mensch so geantwortet?«

Auch Theorien sind für Nietzsche immer Wertungen auf dem Hintergrund von Existenzbedingungen. Sie legitimieren den jeweiligen gesellschaftlichen Rahmen und schirmen ihn ab. Sie stehen in einem ähnlichen Verhältnis zu den Rahmenbedingungen wie unser Stolz zu unserem Gedächtnis. Auch da rastet der Abwehrmechanismus ein.

»›Das habe ich gethan‹, sagt mein Gedächtnis. ›Das kann ich nicht getan haben‹ – sagt mein Stolz und bleibt unerbittlich. Endlich gibt das Gedächtnis nach.«

Es ist ein Unterschied, ob ich etwas »unverständlich« nenne, weil meine Abhängigkeit von den gesellschaftlichen Rahmenbedingungen meine Verstehensmöglichkeiten begrenzt oder weil etwas verquast, wirr, arrogant und abgehoben daherkommt. Wenn wir uns dem zunächst Unverständlichen, dem wir uns nicht gewachsen fühlen, trotzdem aussetzen und die Irritation aushalten, so kann diese offene Haltung Veränderungsprozesse in Gang setzen, durch die das gerade noch Unverständliche plötzlich völlig klar wird. Wir sind durch Irritation gewachsen und wachsen nur durch Irritation.
Nietzsches Philosophieren beschreibt nicht nur diese Loslösungen und inneren Wachstumsprozesse, sondern initiiert sie auch. Seine Philosophie hat ihn verändert. An einen Verehrer seiner Philosophie schreibt er:
»Sie sind einer der Allerersten, welche mein Buch praktisch nehmen: darüber freue ich mich sehr, denn es beweist mir, dass die Wohltat, die ich mir damit erwies – auch noch übertragbar ist.«
Wer sich davon anstecken läßt, wer Nietzsche von innen heraus versteht und seine Schriften praktisch nimmt, kann mit ihm ähnliche Verwandlungen machen. Das legitimiert, von ihm als einem Philosophen der Lebenskunst zu sprechen. Jede Theoretisierung seiner Philosophie, platt oder brillant, bleibt diesem Grundimpuls seines Denkens äußerlich. Durch die Praxis der Verwandlung entwickelt sich bei ihm dieser souveräne und luzide Blick auf die Rahmenbedingungen der europäischen Kultur. Und da, wo er sich einer Sache, einer Person oder einem Problem gegenüber nicht gewachsen fühlt, versucht er zu wachsen, da, wo sein Stolz sein Gedächtnis verstellt, versucht er sich zu erinnern. Trotz all des damit verbundenen Scheiterns und immer wieder besseren Scheiterns bleibt er auf der Spur der Selbstsorge, um nicht wieder in die Falle der Theoretisierung zu gehen. Er will sich nicht ständig informieren lassen, er will sein

Selbst formen. Anders denken, um anders zu leben, bleibt seine philosophische Aktion.

Immer wieder stößt er dabei auf Gewohnheiten, die sich nur schwer verändern lassen. Schon das Erkennen von etwas Gewohntem, das als ständige Hintergrundstrahlung unser Verhalten dirigiert, ist schwierig – und wieviel schwieriger ist dann die Veränderung dieser Gewohnheiten. Das kann zum Tonus, zum Spannungsgrad einer ständigen Unruhe werden, die all unser Denken und Handeln begleitet und antreibt, so daß wir nie zur Ruhe kommen und Entspannung erfahren. Taktungen und Rhythmisierungen, die in Fleisch und Blut übergegangen sind, die uns sehr nah sind, aber gerade deswegen schwer zu fassen.

»Das Bekannte«, schreibt Nietzsche in der »Fröhlichen Wissenschaft«, »ist das Gewohnte; und das Gewohnte ist am schwersten zu ›erkennen‹, das heißt als Problem zu sehen, als fremd, als fern, als ›ausser uns‹ zu sehen ...«.

Fremde und Freunde

Um uns selber Freund zu werden, müssen wir uns zunächst Fremde werden. Daran kommen wir nicht vorbei. Die Unruhe und die »schwitzende Hast« dieser auf ständiges Wachstum getunten Gesellschaft gehen mitten durch uns hindurch. Diesem Tuning ist schwer beizukommen. Es ist die größte Hürde in der Sorge um sich selbst, vergleichbar mit der Überwindung des Widerstandes, den Freud im therapeutischen Bereich, in der Praxis der Psychoanalyse, sehr genau beschreibt.

So wie wir auf dem Markt bestehen wollen, so wollen wir Herr im eigenen Hause bleiben. Therapie bedeutet aber auch immer Kontrollverlust, das Eingeständnis, es allein nicht zu schaffen und fremde Hilfe in Anspruch zu nehmen. Doch während es in anderen Bereichen völlig normal ist, sich ausbilden und trainie-

ren zu lassen, ist dies im eigenen seelischen Haushalt verpönt. Manchmal läßt uns der Leidensdruck allerdings keine andere Wahl. Auch da werden die Stimmen des Widerstandes laut: »Was soll das? ... so einem shrinkhead meine intimen Sachen zu erzählen ... das soll helfen ... alles sagen, was mir durch den Kopf geht ... wie soll das helfen? ... dieses verdammte Herzrasen und diese Schlaflosigkeit, das ständige Grübeln, diese blöde Antriebsschwäche und die überfallartige Migräne können doch so nicht weggehen ... ich muß mich einfach nur zusammenreißen, dann geht das wieder ...«, sagen die Stimmen des Widerstandes.
Solomon Burke, der alte Soulsänger und Prediger, besingt diesen inneren Kampf in all seiner Intensität: »The fever in my brain is leaving smoke behind my eyes, but the part in me that wants to change fights the part in me that tries.« Auch das nächste Stück auf der Platte »Don't give up on me« bleibt beim Thema. Es heißt »Soul Searching«. Der Kampf der verschiedenen Kräfte begleitet den Selbstsucher beim »soul searching« eine lange Zeit. Nietzsche, der noch kurz vor seinem Eintritt in das Reich der Furien beklagt: »Meine Seele hätte singen sollen«, erinnert uns immer wieder an die Macht des Widerstandes: »Wir wollen lieber noch das Nichts, als einen Moment in der Blöße stehen«. Gegen den Gesang der Sirenen auf dem Markt der Informationen helfen nur Ohrstöpsel. Wachs in die Ohren. Das Gewohnte, auch wenn es uns leiden macht, scheint uns immer noch besser zu sein als das Neue. Das Ungewohnte macht uns Angst, und die Wunde, die man ewig leckt, bereitet endlich Lust. Wenn die Stimmen des Widerstandes leiser werden und die andere Lust, die Lust und Freude an der Veränderung empfunden werden können, dann treten wir ein in die Sphäre des, wie Nietzsche sagt, »menschlich-übermenschlichen Wohlseins«. Der hektische Gesang der Sirenen blendet sich langsam aus, wir hören jetzt: das Von-selber-Ertönen der Melancholie. Aber ist

das nicht ein anderes Wort für Musik? Von der Trauer ins Heitere. Vielleicht ist das Heitere gar nicht anders zu haben, oder nur hohl.

Angesichts der Gewohnheits- und Widerstandskräfte kann der Rückzug zu sich selber militärische Formen annehmen. »Beat the retreat«, heißt es in einem Song von Richard Thompson. Wenn die Schlacht nicht zu gewinnen ist, werden die Rückzugstrommeln geschlagen. Aber der Kampf gegen die Kräfte des Marktes ist im Außen nicht zu gewinnen. Wir müssen in uns selbst den Takt wechseln und die Selbsttrommel schlagen. Beat the retreat. »Schlage die Trommel und fürchte dich nicht«, heißt das bei Heinrich Heine, neben Hölderlin der Lieblingslyriker Nietzsches.

Der Einsiedler von Sils-Maria hat einen Tip auf Lager für ein erfolgreiches Beiseitegehen und den inneren Taktwechsel. Es geht um den Neustart des Programms »Selbstverleugnung« und um das Neuinstallieren der Software »Selbstsorge«. Unter dem Titel »Wie finden wir uns selbst wieder?« weist Nietzsche zunächst auf die Probleme der Selbsterkenntnis hin:

> »Wie kann sich der Mensch kennen? Es ist eine dunkle und verhüllte Sache, und wenn der Hase sieben Häute hat, so kann der Mensch sich sieben mal siebzig abziehen und wird doch nicht sagen können: ›das bist du nun wirklich, das ist nicht mehr Schale‹. Zudem ist es ein quälerisches gefährliches Beginnen, sich selbst derartig anzugraben und in den Schacht seines Wesens auf dem nächsten Weg gewaltsam hinabzusteigen. Wie leicht beschädigt er sich dabei so, dass kein Arzt ihn heilen kann. Und überdies: wozu wäre es nöthig, wenn doch Alles Zeugnis von unserem Wesen ablegt, unsere Freund- und Feindschaften, unser Blick und Händedruck, unser Gedächtnis und das, was wir vergessen, unsere Bücher und die Züge unserer Feder.«

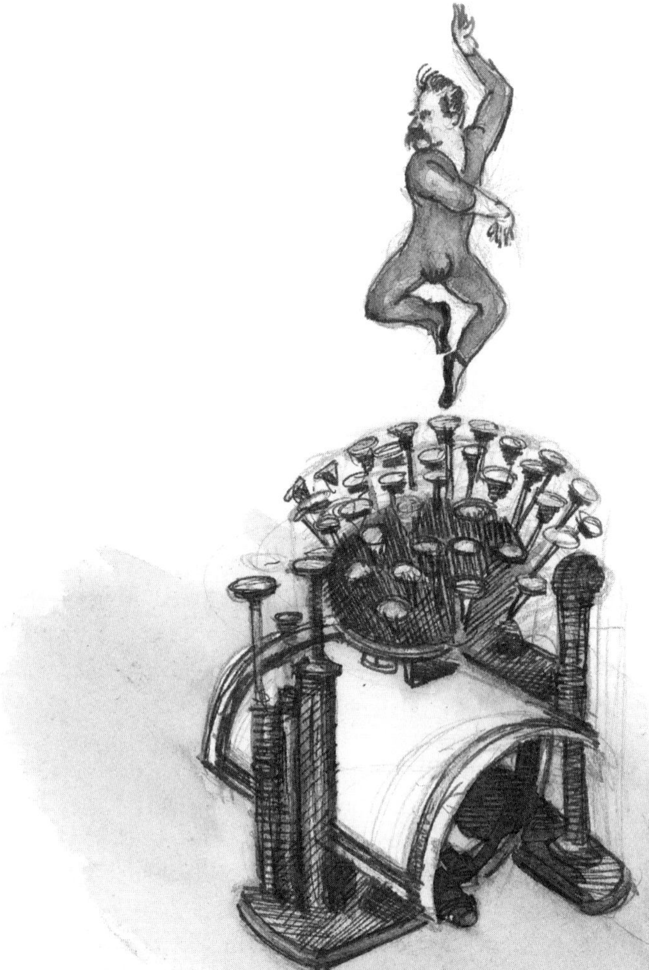

Sich selbst angraben ist ein langwieriger Prozeß und nicht unproblematisch. Wer so etwas wie »In zehn Tagen zum Selbst« mit der Begleit-CD »Be yourself no matter what they say« von ihm erwartet, sollte lieber ins Sonnenstudio gehen und sich dort eine neue Haut bestrahlen lassen oder eine Frau bzw. einen Mann angraben. »Laßt alle Hoffnung fahren«, wäre ein realistischeres Motto für Nietzsches Häutungsvorschlag, denn der Schnellschuß funktioniert nicht.

»Langsam und kleinlich sind alle diese Curen; auch wer seine Seele heilen will, soll über die Veränderung der kleinsten Gewohnheiten nachdenken.«

Nietzsche rät zur Ruhe und Beständigkeit. Zu lange Pausen sind jedoch auch nicht gut, denn man ist schnell wieder an dem Punkt, an dem man begann, und muß wieder ganz von vorne anfangen. Wir wundern uns dann über die harte Schale, die Widerstände im System. Nietzsche hat ein treffendes Bild dafür: »Verwunderung über den Widerstand. Wenn etwas für uns durchsichtig geworden ist, meinen wir, es könnte uns nunmehr keinen Widerstand mehr leisten. Wir sind dann erstaunt, dass wir hindurchsehen und doch nicht hindurchkönnen. Es ist dieselbe Thorheit und dasselbe Erstaunen, in das die Fliege vor einem Glasfenster gerät.«

An manchen Punkten der Selbstsorge ist man für eine Zeit Fliege. Wir wissen um bestimmte Fesseln, wollen sogar davon loskommen, aber dennoch bleibt alles beim alten. Da hilft nur Nietzsches Philosophie mit dem Hammer – aber Handschuhe anziehen und Schutzbrille! »Break on through to the other side.« Diese Variante der Selbstsorge ist nur etwas für handwerklich Begabte. Doch die martialische Aktion macht für alle noch einmal drastisch den Unterschied klar zwischen »hindurchsehen« und »hindurchgehen«, zwischen Philosophie als Theorie und philosophischer Praxis. Die Praxis fordert: »Beat the retreat« und »Break on through«! Mit Theorien können wir weiter die Fliege machen und weiter hindurchsehen, aber nicht hindurchgehen. Es hilft nichts, uns etwas vorzumachen. Nietzsche bietet uns keine softe Esoterik an.

Tanzende Sterne

Doch bei aller Schwierigkeit der Neutaktung: Es gibt auch andere, weniger martialische Praktiken. Um »das wichtigste Verhör« mit uns zu veranstalten, bietet Nietzsche auch eine mildere Praxis der Selbsterkenntnis. Sie ist vielleicht eher etwas für junge Menschen, bei denen die Bahnungen noch nicht so verhärtet sind.

»Die junge Seele«, schreibt Nietzsche in »Schopenhauer als Erzieher«, »sehe auf das Leben zurück mit der Frage: was hast du bis jetzt wahrhaft geliebt, was hat deine Seele hinangezogen, was hat sie beherrscht und zugleich beglückt? Stelle dir die Reihe dieser verehrten Gegenstände vor dir auf, vielleicht ergeben sie dir durch ihr Wesen und ihre Folge, ein Gesetz, ein Grundgesetz deines eigentlichen Selbst. Vergleiche diese Gegenstände, sieh, wie sie eine Stufenleiter bilden, auf welcher du bis jetzt zu dir selbst hingeklettert bist.«

Und dann folgt noch einmal der Hinweis auf die Situierung des Selbst. Es ist nicht in der Seele als etwas Wiederzuerinnerndes, sondern als etwas zu Gestaltendes:

»Denn dein wahres Wesen liegt nicht tief verborgen in dir, sondern unermesslich hoch über dir oder wenigstens über dem, was du gewöhnlich als dein Ich nimmst.«

Abgesehen davon, daß Nietzsche im Blick auf seine weitere philosophische Entwicklung Begriffe wie »eigentlich« und »Wesen« nicht mehr ohne Anführungszeichen gebrauchen wird, weil es »das Eigentliche« und »das Wesen« nicht gibt, verweist er mit dem »über« auf ein noch zu entwickelndes Selbst. Was dies »über« genau meint, läßt sich nicht generalisieren, weil es von der jeweiligen Person abhängt, die sich dieser Selbstgestaltung unterzieht.

Wenn wir, wie Nietzsche vorschlägt, die Momente noch einmal Revue passieren lassen, die uns im bisherigen Leben wirklich glücklich gemacht haben oder in denen wir »wahrhaft geliebt« haben, wenn wir immer wieder diese Situationen nachempfinden, in denen wir »am lebendigsten« waren, dann strahlen diese Erinnerungen zurück, auf das, was wir in der Gegenwart tun und in der Zukunft tun könnten. Wir fokussieren und justieren uns neu, auf das hin, was wir wirklich wollen. Vielleicht machen wir ja schon genau das, was dem »Grundgesetz« unseres Selbst entspricht; dann war der nochmalige Check eine gute Bestätigung. Wenn nicht, wird die Differenz deutlich zu dem, was wir bis zu diesem Zeitpunkt nicht gelebt, aber als Potential in uns haben. Die konkrete Arbeit am Selbst besteht dann darin, die eigene Situation neu zu hinterfragen. In welchen Lebenszusammenhängen ist die mir mögliche Lebendigkeit völlig verlorengegangen? Wie kann ich diesen Bereichen wieder Leben einhauchen? Welche anderen Möglichkeiten, an diese Lebendigkeit wieder heranzukommen, gibt es? Habe ich, wie Nietzsche Zarathustra sagen läßt, »noch Chaos in mir, um tanzende Sterne zu gebären«? Wie ist die Situation im beruflichen Bereich? Welche Veränderungen sind dort möglich? Verändere ich mich innerhalb der Firma, bei der ich arbeite, oder suche ich eine andere Firma? Mache ich, wenn möglich, etwas ganz anderes?

Durch die Vorstellungsübung wird uns vielleicht plötzlich klar: Ja, genau da hast du dich wieder zerschneiden lassen, dort hast du dich wieder kleinmachen lassen. Was vorher in der Routine des Alltags vergessen war, leuchtet möglicherweise wieder auf.

Das Schwergewicht kann sich verlagern, auch wenn es nur minimal ist. Die Frage nach dem Genuß an dem, was ich mache, stellt sich. Ist die Arbeit vielleicht nur reine Selbstverleugnung? Worauf lege ich den Nachdruck? Auf die äußeren Bedingungen oder auf inneres Wachstum?
Der Teufel sitzt wie immer im Detail, und die Stimmen der inneren Security werden gerade dann wieder laut, wenn ich nicht nur über Veränderungen nachdenke, sondern sie auch in die Tat umsetzen will: »Es ist doch alles nicht so schlimm ... vielleicht muß ich nur mal wieder Urlaub machen, dann sieht alles wieder anders aus ... eigentlich geht's doch ganz gut ... ja, meine kreativen Fähigkeiten kommen in dem Job nicht so zum Zug ... dafür ist er sicher ... ich hab' auf jeden Fall mein sicheres Auskommen, und das ist in unserer Zeit nicht wenig«, so die inneren Stimmen, wenn es daran geht, etwas konkret zu verändern. Dagegen ist nichts zu sagen. Nichts ist unvernünftiger als ein fulminantes Stage-Diving von der sicheren Bühne ins dunkle Leben, und niemand fängt einen auf.
Nietzsche rät da lieber zu kleinen Schritten. Durch kleine abweichende Handlungen lösen wir nach und nach die festgezurrten Ketten. Wir fangen an, uns von der »Kettenkrankheit« oder dem »Geist der Schwere« zu befreien. Das sind Nietzsches Worte für die Überidentifikation mit den eigenen Existenzbedingungen. Wir bekommen neue Spielräume. Plötzlich ergeben sich Handlungsalternativen, zu denen wir vorher nicht den Mut hatten, sie überhaupt nur zu denken. Gleichzeitig rührt sich das »Grundgesetz«, das »Gelähmte« und »Unbezähmbare« im Selbst. Die »plastische, noch ungeformte Kraft« hat jetzt auch Raum, sich zu bewegen. Nun betritt Dionysos die Bühne. Er ist der Gott des Weines und Rausches. Er steht für jegliche Form des Überschreitens von Grenzen. Er ist der Antiborderliner, auf den alles »all along the watchtower« einer jeden Grenzpolizei keinen

Eindruck macht. Dionysos – das ist »Rock 'n' Roll«, ein Hüftschwung, der unsere inneren Verhältnisse zum Tanzen bringt. Dionysos in uns zum Tanzen zu bringen ist die halbe Miete. Er bringt die Selbstsorge in Gang und hält sie energetisch. Wenn er im psychischen System in Aktion tritt, haben es die reaktiven Widerstandskräfte schwer. »Dionysos läßt sich nicht betrügen, er bleibt ein dunkles Feuer am Abgrund«, so die poetische Beschreibung des Philosophen Ernst Bloch. Ist das »dunkle Feuer« in uns entfacht, gibt es in der Regel kein Zurück mehr. Wir hören auf, »Sklaven der drei M« zu sein: »des Moments, der Meinungen und der Moden«. Damit ist der erste Schritt auf dem Weg zu einem entwickelten Selbst gemacht.

Vom Kamel zum Löwen

Damit ist auch die Kamelphase des sozialisierten Ichs beendet. Im »Zarathustra«, Nietzsches poetischer Darstellung der Selbstbildung, präsentiert der Philosoph mit dem Hammer die Sushi-Version eines Bildungsromans. Auf einer halben Seite läßt er Zarathustra zusammenfassen, worum es geht bei dem Projekt »Werde, der du bist«. In der Phase vor dem »wichtigsten Verhör« sind wir in der Regel Kamele. Selbstverleugnung, Selbstlosigkeit ist ihre Signatur, »bitte noch eine Last mehr« der Refrain des vorauseilenden Gehorsams. Alles, was uns an sozialen Normen aufgeladen wird, tragen wir wie Kamele in unsere eigene Wüste. Zu allem sagen wir »Ja«. Wir lernen zu tragen, vielleicht auch ohne Murren zu verehren. Wenigstens das. Doch wenn wir uns selbst ins Verhör nehmen, die Flöte des Dionysos hören, es mögen sich bei dem ein oder anderen auch zwei, drei Akkorde von AC/DCs »Hells Bells« dazumischen, dann tanzt selbst das Kamel. Es ist der Abschied vom Geist der Schwere.

Da, wie Nietzsche sagt, der Mensch »das nicht festgestellte Tier«

ist, verwandelt er uns in seinem kleinen Bildungsroman vom Kamel zum Löwen. Der Löwe brüllt: »Nein!« Es beginnt die Zeit der Negation. Dem »nein sagenden Geist« kann Nietzsche auf der theoretischen Ebene nicht sehr viel abgewinnen. Zarathustra ist ein bejahender Geist. Das Nein-Sagen kann sich nämlich sehr schnell mit dem verhaken, was es verneint. Die Nein-Sager simulieren nur die Verwandlung vom Kamel zum Löwen. Aus ihnen werden dann Kritiker-Kamele, die keine Verehrung mehr kennen. Mentale Vollchecker. Sie bewegen nicht ihre Hüfte, sondern nur ihren Daumen: »Das ist gut, das ist nicht gut!« Sie glauben, wenn sie den Daumen nach unten halten, wären sie keine Kamele mehr. Es ist erneut der Geist der Schwere, mit einem Minuszeichen versehen. Ein maschinelles Nein, ein Klappern mit den Knochen als Negation. Sie verneinen auch das Lebendige. Aber Dionysos läßt sich nicht betrügen. Dionysos ist ein tanzender Gott, und Zarathustra »würde nur an einen Gott glauben, der zu tanzen verstünde«. Nietzsches Satz »Der Tanz ist der Beweis der Wahrheit« ist nicht nur eine Metapher. Es geht ihm darum, Verneinung »in die Füße zu bekommen«. Den Geist der Schwere auszutanzen. Im dionysischen Tanz treffen sich all die Bewegungsbilder Nietzsches: Gehen (»Trau' keinem Gedanken, der im Sitzen kommt«), Laufen (»Ich habe gehen gelernt, seitdem lasse ich mich laufen«), Fliegen (»Jetzt bin ich leicht, jetzt fliege ich, jetzt sehe ich mich unter mir, jetzt tanzt ein Gott durch mich«). Das Gestisch-Rhythmische des Ge(h)dachten soll in der Verwandlung auch am Körper sichtbar werden.

Schon in der Frühschrift zu Ehren Schopenhauers deckt Nietzsche das Manko der deutschen Aufklärung auf. Ihr fehlt der Körper, der Tanz: »Was fehlt uns noch alles zu dieser muthigen Sichtbarkeit eines philosophischen Lebens in Deutschland; ganz allmählich befreien sich hier die Leiber, wenn die Geister längst befreit scheinen.« Aber ohne Befreiung der Körper gibt es keine Befreiung des Geistes.

Es wäre zu billig und zu verkürzend, Nietzsches Bewegungsbilder auf andere Philosophen anzuwenden. Nach dem Motto: Kann Peter Sloterdijk tanzen? Bekommt er seine Blasen in (an) die Füße? Konnte Adorno seine »negative Dialektik« tanzen? Ein Tänzchen um das Katheder mit den entblößten, schon legendären Studentinnen wäre zumindest eine ungewöhnliche Aufklärung gewesen. Oder Heidegger? Er hat Fußball gespielt. Das Sein auch gekickt. Aber Heidegger und Tanz? Kann man sich das vorstellen? Über den »schwarzwaldschweren« Denker gibt es eine Anekdote des spanischen Philosophen Ortega y Gasset, der ihm nach einem Vortrag gesagt haben soll: »Herr Heidegger, drei Dinge braucht ein Philosoph: Scharfsinn, Tiefsinn und Tanz. – Scharfsinn haben Sie, Tiefsinn ja, noch und noch! Herr Heidegger, Sie sollten aber öfter tanzen gehen!«

Nicht jeder Denker kann ein Raver sein, aber nach Nietzsche sollten wir »keinem Gedanken Glauben schenken ..., in dem nicht auch die Muskeln ein Fest feiern.« Metamorphosen des Selbst sind musikalische Vorgänge. Rhythm is it! Der Mensch ist für ihn ein »rhythmenbildendes Geschöpf«. Wir eignen uns die Dinge nur an, wenn wir sie in »Formen und Rhythmen« bringen. Den eigenen Rhythmus finden in den verschiedensten Lebenslagen, das ist, wie die Romantiker sagen, »die Kunst der Kunst: die Lebenskunst.«

Nietzsche ist dafür Taktgeber und Dirigent, weil er sein eigenes inneres Chaos zum Tanzen brachte. Er ist ein Musiker seiner Seele. Er gibt uns ein Muster, wie die Partituren des Selbst zu lesen und zu leben sind. Der verhinderte Musiker spielt uns seine Lebensmusik vor. Wenn Miles Davis am Ende seiner Autobiographie schreibt: »Prince sagt, du mußt es ›auf der Eins halten‹, wenn er über den Beat redet, und wie man die Musik und den Rhythmus bringt«, dann wäre genau das mit Nietzsche auf die Selbstsorge zu übertragen. Immer schön »auf der Eins« bleiben oder, wer es rockiger mag, auf der Zwei und der Vier.

Genau das können wir von den »Künstlern ablernen«, um uns das Leben »schön, anziehend, begehrenswerth« zu machen. »Denn bei ihnen« (den Künstlern), so Nietzsche in der »Fröhlichen Wissenschaft«, »hört gewöhnlich diese ihre feine Kraft auf, wo die Kunst aufhört und das Leben beginnt; wir aber wollen die Dichter unseres Lebens sein und im Kleinsten und Alltäglichsten zuerst.« Auf der Eins bleiben, den Beat des Gedankens in die Beine bekommen, nicht in die Falle der bloß zerebralen Vermittlung gehen: Das sind die Vorzeichen nietzscheanischer Selbstbildung.

Wer in diesem musikalischen Modus die Verwandlung vom Kamel zum Löwen vollzieht, vom »Du sollst« zum »Ich will«, vom kamelartigen »Ja« zum löwenartigen »Nein«, der entgeht der Gefahr der Arroganz und des Besserwissens. Seine Kritik ist dann ein Austanzen des Überlebten, ein Denken mit der Hüfte. Diese Art des Widerspruchs gegen das Gewohnte, Überlieferte, Geheiligte ist für Nietzsche »ein hohes Zeichen von Kultur«, das Zeichen des »freien Geistes«: eine Aufklärung am Leitfaden des Leibes.

Die große Vernunft des Leibes

Wieder in der »Fröhlichen Wissenschaft« beschreibt er unter dem Titel »Zu Gunsten der Kritik« diese Körperaufklärung, deren Denken unter die Haut geht:

> »Jetzt erscheint dir Etwas als Irrthum, das du ehedem als eine Wahrheit oder Wahrscheinlichkeit geliebt hast: du stösst es von dir ab und wähnst, dass deine Vernunft darin einen Sieg

erfochten habe. Aber vielleicht war jener Irrthum damals, als du noch ein Anderer warst – du bist immer ein Anderer –, dir ebenso nothwendig wie alle deine jetzigen ›Wahrheiten‹, gleichsam als eine Haut, die dir Vieles verhehlte und verhüllte, was du noch nicht sehen durftest. Dein neues Leben hat jene Meinung für dich getödtet, nicht deine Vernunft: *du brauchst sie nicht mehr*, nun bricht sie in sich selbst zusammen, und die Unvernunft kriecht wie ein Gewürm aus ihr an's Licht. Wenn wir Kritik üben, so ist es nichts Willkürliches und Unpersönliches, – es ist, wenigstens sehr oft, ein Beweis davon, dass lebendige treibende Kräfte in uns da sind, welche eine Rinde abstossen. Wir verneinen und müssen verneinen, weil Etwas in uns leben und sich bejahen *will*, Etwas, das wir vielleicht noch nicht kennen, noch nicht sehen! – Dies zu Gunsten der Kritik.«

Die bloß im Kopf vollzogene Verwandlung macht aus der kamelhaften Unterwerfung nur ein besserwisserisches Darüberstehen. Wir werden zum Scheinlöwen. Gedankenvoll und tatenarm. Wir wissen zwar mehr, aber Ich ist kein anderer geworden. Wir haben uns nicht bewegt, den Gedanken nicht in die Beine bekommen.

Die nomadischen Denkbilder bei Nietzsche verweisen immer auf die Praxis, das Üben und das Unterwegssein. »Das zuversichtlichste Wissen oder Glauben kann nicht die Kraft zur That, noch die Gewandtheit zur That geben, es kann nicht die Übung jenes feinen, vieltheiligen Mechanismus ersetzen, welche vorhergegangen sein muss, damit irgend Etwas aus einer Vorstellung sich in Action verwandeln könne. Vor Allem und zuerst die Werke! Das heisst Übung, Übung, Übung!«

Nietzsches Übungen sind geistige und bioenergetische Lockerungsübungen in einem. Es ist ein Denken unter den Bedingungen der Leiblichkeit. »Ich habe meine Schriften jederzeit mit

meinem ganzen Leib und Leben geschrieben: ich weiß nicht, was ›rein geistige‹ Probleme sind.«
Den Mut zu einem Gedanken zu haben, der unser aktuelles Ego irritiert, wird immer »lebendige treibende Kräfte« aktivieren. Denn: »Hinter deinen Gedanken und Gefühlen steht dein Leib«, notiert Nietzsche, »und dein Selbst im Leibe: die terra incognita. Wozu hast du diese Gedanken und diese Gefühle? Dein Selbst im Leibe will etwas damit.«
Im Denken den Anschluß herzustellen an die »große Vernunft« des Leibes, das ist Nietzsches Korrektur einer kopflastigen Aufklärung. Sie entfaltet erst ihr lebensveränderndes Potential, wenn sie neben den Gedanken auch die Gefühle und die leiblichen Bewegungen ergreift bzw. wenn unser Denken die leiblichen Impulse aufnimmt.
»If my heart could do my thinking and my head begin to feel, I look upon the world anew and know what's truely real«, singt Van Morrison in »I forgot that love existed«.
Wer sich mit Nietzsche in dieses unentdeckte Land des Leibdenkens bewegt, der kann immer wieder die Erfahrung des »truely real« in den verschiedensten Phasen seiner Selbstbildung machen. Das vergangene Leben kommt uns dann unwirklich vor. Es ist, als hätten wir geträumt und würden gerade aufwachen. Die Vergangenheit liegt gespenstisch hinter uns.
»Die Freunde als Gespenster. – Wenn wir uns stark verwandeln, dann werden unsere Freunde, die sich nicht verwandelten, zu Gespenstern unserer eigenen Vergangenheit: ihre Stimme tönt schattenhaft-schauerlich zu uns heran, als ob wir uns selbst hörten.«
Ähnliches können wir in Liebesbeziehungen erfahren. Am Anfang sind wir völlig verliebt, leben in der Symbiose, doch dann, wenn sich nur einer in der Beziehung verändert, schaut der Verwandelte mit neuen Augen auf den Partner und denkt:

»Was war das?« Der oder die Geliebte ist zum Gespenst geworden.

Lieben lernen

So wie wir in neurotischen Beziehungen an Partnern kleben können, die uns nicht beleben, so bleiben wir in unserem Verhältnis zu uns selbst oft in Ich-Konstellationen hängen, die uns auf der Stelle treten lassen. Wir sehen dann vielleicht durch uns hindurch auf das Problem, kommen aber nicht von der Stelle.

»Man muss lieben lernen«, rät uns Nietzsche. Sich selbst lieben lernen. Das Andere, das Fremde in uns lieben lernen. So wie wir uns langsam mit einer neuen, noch fremden Musik vertraut machen.

> »So geht es uns in der Musik: erst muss man eine Figur und Weise überhaupt lernen, herauszuhören, unterscheiden, als ein Leben für sich isolieren und abgrenzen; dann braucht es Mühe und guten Willen, sie zu ertragen, trotz ihrer Fremdheit, Geduld gegen ihren Blick und Ausdruck, Mildherzigkeit gegen das Wunderliche an ihr zu üben: – endlich kommt ein Augenblick, wo wir ihrer gewohnt sind, wo wir sie erwarten, wo wir ahnen, dass sie uns fehlen würde, wenn sie fehlte; und nun wirkt sie ihren Zwang und Zauber fort und fort und endet nicht eher, als wir ihre demüthigen und entzückten Liebhaber geworden sind, die nichts besseres von der Welt mehr wollen, als sie und wieder sie. – So geht es aber nicht nur mit der Musik: gerade so haben wir alle Dinge, die wir jetzt lieben, lieben gelernt. Wir werden schließlich immer für unseren guten Willen, unsere Geduld, Billigkeit, Sanftmüthigkeit gegen das Fremde belohnt, indem das Fremde belohnt, indem das Fremde langsam seinen Schleier abwirft

> und sich als neue unsägliche Schönheit darstellt: – es ist sein Dank für unsere Gastfreundschaft. Auch wer sich selber liebt, wird auf diesem Wege gelernt haben: es giebt keinen anderen Weg. Auch die Liebe muss man lernen.«

Das ist vielleicht Nietzsches Philosophie in nuce: lieben lernen. Nicht das Getöse, was man aus ihm gemacht hat, vom Willen zur Macht und der blonden Bestie als Übermenschen. Lieben lernen. In diesem Aphorismus verdichtet sich seine Lebenskunst. Darin steckt auch indirekt die Furcht vor dem Fremden, die Nietzsche am Anfang seiner Schrift »Schopenhauer als Erzieher« als einen zutiefst menschlichen Reflex jeder Kultur beschreibt. Die Furcht vor dem Nachbarn und die Furcht vor dem Fremden in uns selbst gehören zusammen.

Wir gestehen uns nicht gerne zu, daß jeder von uns »nur einmal, als ein Unicum, auf der Welt ist und daß kein so seltsamer Zufall zum zweiten Mal ein so wunderlich buntes Mancherlei zum Einerlei, wie er ist, zusammenschütteln wird.« Wir haben Angst, dieses Unikum zu sein. Warum? Aus Angst vor dem Nachbarn, der die Konvention fordert und sich selbst auch damit verhüllt. Was zwingt uns, so herdenhaft zu denken?

»Die Menschen sind noch fauler als furchtsam und fürchten gerade am meisten die Beschwerden, welche ihnen eine unbedingte Ehrlichkeit und Nacktheit aufbürden würde.«

Es ist der Zirkel von Furcht und Faulheit, der, nach Nietzsche, die Kunst des Liebens verstellt. Die Angst vor der Blöße zwingt uns, die nackte Ehrlichkeit mit erborgten Manieren und Meinungen zu ummänteln. Diese Angst vor uns selber steht uns im Wege. Sie zwingt uns zu Surrogaten der Selbstliebe und zur Flucht in sekundäre Systeme des Uniformen. Der Mensch als das »nichtfestgestellte Tier« soll festgestellt werden. Auch als Unikum.

Platonismus und offene Türen

Nietzsche versucht die Feststellungssysteme zu entlarven, die mit ihren verschiedenen Formen der Generalisierung und des Unbedingten den Menschen uniformieren. Unbedingtheits-Philosophien zum Beispiel, die mit Großwahrheiten operieren und die leiblichen Impulse als nicht philosophiewürdig diskreditieren. Ein Sammelname solcher Denksysteme ist für Nietzsche: Platonismus.

Dazu zählt er alle Philosophien, die in der Ablösung vom Körper abstraktes Wissen favorisieren. Ihr Angstgegner ist die »große Vernunft« des Leibes, deren lebendige Kräfte nur schwer in Systemen zu kategorisieren und zu kontrollieren sind. Diese abstrakten Theorien spalten das Menschliche.

Dazu gehören die Religionen, die den Menschen in ein Denkschema von Gut und Böse pressen. Der Leib, das Geschlechtliche ist dort das Böse und Sündige, der Geist das Gute. Deshalb kann Nietzsche sagen: »Das Christentum ist Platonismus fürs Volk.« Beide konstruieren metaphysische Hinterwelten. »Das Eiapopeia vom Himmel, womit man einlullt, wenn es greint, das Volk, den großen Lümmel«, wie Heine treffend bemerkt.

Auch bei den moralischen Systemen analysiert Nietzsche die Rahmen- und Entstehungsbedingungen. Die Genealogie solcher Denksysteme interessiert ihn. Wie werden Ideale gemacht? Welche Zwecke werden damit verbunden? Welche gesellschaftlichen Kontrollmächte schlagen daraus Kapital? Wie wird der Mensch durch ein Moralsystem moduliert? Welche Tugenden favorisiert ein moralisches System: die Tugenden der Selbstverleugnung oder die des Selbstgenießens? Welche untergründigen Grausamkeiten äußern sich in moralischen Vorschriften, welche Ressentiments formulieren sich darin? Alle Moral ist für Nietzsche etwas Gemachtes. Sie ist vielleicht eine Zeitlang notwendig und gut für eine bestimmte Entwicklung des Menschen, aber sie ist nicht vom Himmel gefallen und hat ewige Gültigkeit. Auch politische Systeme sind nicht naturwüchsig. Sie konstituieren sich wie Moralsysteme auf dem Hintergrund von bestimmten Interessen. So kann ein politisches System darauf ausgerichtet werden, der Existenzangst des Menschen mit dem Diktat zum ökonomischen Wachstum zu begegnen, ihn dabei in eine »arbeitswüthige« Taktung bringen, in die Flucht vor sich selbst und ihm nur soviel an Kultur gestatten, wie diesem System dienlich ist. Es ist dieser Wille zum Wissen, der die Angst mit Lust versetzt und den Foucault in Anlehnung an Nietzsche analysiert hat. Es ist dieser Wille zur Macht, der die Furcht vor der Nacktheit in ein politisches System bringt, wie Nietzsche sagen würde. Aber, wie es in einer Zeile von Bob Dylan heißt: »Even the president of the United States is sometimes naked«, die Systeme dichten nicht so ab, wie ihre Vertreter es sich wünschen. Sie selbst werden mitunter heimgesucht von der »großen Vernunft« des Leibes und können es nicht verhehlen. Als hätte Nietzsche die differenzierten Machtanalysen von Foucault antizipiert, schießt er seinen philosophischen Pfeil genau auf den Punkt, an dem die Politik nackt dasteht: die Sorge um sich selbst. All diese Systeme sind, wenn überhaupt, für ihn nur an dem Punkt zu knacken.

Nietzsche bewegt sein Herz zum Hirn und schickt beide auf die Reise. Überall, wo er auf diese Schizophobien stößt, geht er beiseite, den Anruf von Arthur Schopenhauer im Ohr: »Sei du selbst! Das bist du alles nicht, was du jetzt thuest, meinst und begehrst.« Er mißtraut allen Systematikern und geht ihnen aus dem Weg, denn »der Wille zum System ist, für einen Denker wenigstens, etwas, das comprimittiert, eine Form der Unmoralität«.

Die Angst vor dem Ungewissen, die Furcht vor Fremden, die

Faulheit im Blick auf die feinen, vielteiligen Übungen treiben Denker in Systeme.

Entsprechend der großen Vernunft des Leibes ruft Nietzsche den Kontrolleuren der Medizin den Signalcharakter und die Stimulanz der Krankheiten in Erinnerung. Einem allgemeingültigen Begriff von »Gesundheit« sollte man aus dem Wege gehen. Manchmal kann die Krankheit ein Impuls des Leibes sein, der uns darauf hinweist, unser Leben zu verändern. Krankheit kann der erste Schritt sein zu einer »höheren Gesundheit«.

Jahrelang »wider den Strich«, sprich gegen die Gedanken zu denken, die sich »von Innen her anbieten«, und sich statt dessen auf »vorgeschriebene Zeiteinteilungen« und eine »willkürliche Art von Fleiß« zu verpflichten macht krank. Nietzsche hat das als junger Professor in Basel erfahren. Sein Krankwerden hat sein Leben geändert. Daher waren auch Fragen der Ernährung für ihn philosophische Fragen. Desgleichen das Wahrnehmen von Zeiteinteilung, Rhythmisierung des Tages, Klima und Wechsel der Wohnorte. Jede Stimme der verschiedenen Lebenslagen sollte uns zur philosophischen Reflexion einladen. Denn wenn wir es nicht bewußt tun, dann werden diese Stimmen unbemerkt unser Denken bestimmen, heimlich geführt von unseren »Instinkten« und »Werthschätzungen«, letztlich von »physiologischen Forderungen einer bestimmten Art zu leben«. Von all dieser unbewußten Hintergrundstrahlung beim Denken abstrahieren zu wollen ist für Nietzsche die Spitze der Naivität und gehört eigentlich in die Komödie. Zu glauben, wir seien als Philosophen Herr im eigenen Gedankenhaus, ist ein naiver Wunsch und gehört für ihn ins Reich der Fabeln. Es ist sogar fatal, denn es verstellt die Möglichkeit, Bewußtsein zu erwerben. Auch da bremst die Faulheit ein Denken am Leitfaden des Leibes aus. Mit »Driving with the brakes on« könnte man diese Form der vermeintlichen Denkautonomie beschreiben.

»Weil die Menschen die Bewusstheit schon zu haben glaubten, haben sie sich wenig Mühe darum gegeben, sie zu erwerben – und auch jetzt steht es nicht anders! Es ist noch eine ganz neue und eben erst dem menschlichen Auge aufdämmernde, kaum noch deutlich erkennbare Aufgabe, das Wissen sich einzuverleiben und instinctiv zu machen, – eine Aufgabe, welche nur von denen gesehen wird, die begriffen, dass bisher nur unsere Irrthümer uns einverleibt waren und dass all unsere Bewusstheit sich auf Irrthümer bezieht!«

Und so kommt es zu diesem merkwürdigen Grimassieren der vermeintlich objektiven Denker, das dem Philosophen, der sein Denken in den Nüstern hat, nicht verborgen bleibt:

»Man lügt wohl mit dem Mund; aber mit dem Maule, das man dabei macht, sagt man doch noch die Wahrheit.« Auch die Umkehrung trifft. Mit dem Mund die vermeintliche Wahrheit sagen, aber das Maul lügt dabei. Das ist philosophische Physiologie. Und selbst das Schweigen ist beredt, wie Freud später, Nietzsche zustimmend, beobachtete: »Wessen Lippen schweigen, der schwätzt noch mit den Fingerspitzen; aus allen Poren dringt ihm der Verrat.«

Daß dieser Modus des grimassierenden Wissens so auf Erklärung steht, wird jetzt klar. Verstehen gibt Sicherheit. Verstehen verschließt die Dinge. Man hat ein für allemal Ruhe. Abgehakt. Ab in die Schublade. Es geht uns Gott sei Dank nichts mehr an. Auch da lähmt die Faulheit wieder. Man reduziert die Dinge auf der Ebene des Wissens so, daß sie sofort und für jeden verständlich sein sollen. Verstehen ist der Trostpreis für ein nicht vollzogenes Leibwissen.

»Eine Sache, die sich aufklärt, hört auf, uns etwas anzugehen. – Was meinte jener Gott, welcher anrieth: ›erkenne dich selbst‹!? Hiess es vielleicht: ›Höre auf, dich etwas anzugehen! Werde objektiv!‹

Auch eine Liebe, die man erklären kann, ist nicht mehr. Und kein Wunder, daß Epikur, in seinem Garten sitzend, sagen konnte: »Fliehe, du Argloser, jeglicher Bildung im schnellsten Nachen!«

Er meint genau jenes Bildungswissen, das niemanden betrübt und niemanden erfreut, dessen Zweck der Ruhm, das Zur-Schau-Stellen um des guten Rufes willen ist, also eine Art eitles Geschwätz. Nietzsche nennt dessen Vertreter »Todtengräber des Geistes«. Sie überziehen das Leben mit ihrem Spinnennetz aus Begriffen. Es sind »Spinnenmänner«. Und in diesem Kontext ist seinem Satz nachzudenken und nachzufühlen: »Ich will ein für alle Mal nicht mehr Alles wissen.«

Nietzsches PISA-Studie Teil II: Nicht-Wissen, Sich-verlieren-Können, Lassen, Einsamkeit und Irritationskompetenz vermißt er im Curriculum unserer Bildung.

Auch die Hast, die sich in der Kontroll-, Erklärungs- und Verstehenswut äußert und die sich im Anschluß an den ökonomischen Diskurs in einer »Durchlauferhitzerkultur« überschlägt, nimmt er wahr und löst sich von ihr. Wer, was, wo wieder gesagt hat auf dem Markt der Eitelkeiten, welcher Klassiker gerade wieder anläßlich eines Jubiläums auf dem Informationsmarkt kurz durchs Bewußtsein der Öffentlichkeit gespült wird, um ihn schnell wieder zu vergessen, interessiert ihn alles nicht mehr. Nietzsche bleibt auf seiner Spur und übt sich im Nicht-wissen-Wollen. Nach und nach stellt sich die innere Ruhe ein. »Ich selber lebe fast mit den Gesinnungen des ächten Epikur – sehr seelenruhig und geduldig und dem Leben mit Freude zusehend«, schreibt er an einen Freund.

Das äußert sich auch in der Art zu lesen. Zehn Jahre Philologie als Professor in Basel stecken ihm in den Knochen. Von diesem wissenschaftlichen Lesetempo mußte er erst wieder herunterkommen. Bei seinem nomadischen Leben zwischen Sils-Maria im Engadin, Nizza und Genua – Deutschland meidet er, so gut es geht – lernt er die Ruhe in der Bewegung. Endlich liest er auch wieder anders. Er entdeckt die Philologie des Lebens:

> »Philologie nämlich ist jene ehrwürdige Kunst, welche von ihrem Verehrer vor Allem Eins heischt, bei Seite gehen, sich Zeit lassen, still werden –, als eine Goldschmiedekunst und Kennerschaft des Wortes. Die lauter vorsichtige Arbeit abzutun hat und Nichts erreicht, wenn sie es nicht lento erreicht. Gerade damit aber ist sie heute nöthiger denn je, gerade dadurch zieht sie und bezaubert sie uns am stärksten, mitten in einem Zeitalter der ›Arbeit‹, will sagen: der Hast, der unanständigen und schwitzenden Eilfertigkeit, das mit Allem gleich ›fertig werden‹ will, auch mit jedem alten und neuen Buche: – sie selbst wird nicht so leicht irgend womit fertig, sie lehrt, gut lesen, das heisst langsam, tief, rück- und vorsichtig, mit Hintergedanken, mit offen gelassenen Thüren, mit zarten Fingern und Augen lesen ... Meine geduldigen Freunde, diess Buch wünscht sich nur vollkommene Leser und Philologen: lernt mich gut lesen!«

Die inneren Türen bleiben bei ihm offen. Nietzsche bewegt sich viel im Freien, tippt die unterwegs erhaschten »Wahrheiten« nach dem Wandern in seine Hansen. Sein Wille zum Wissen weicht einer Haltung der gleichschwebenden Aufmerksamkeit. Vieles muß er nicht mehr lesen. Denn auch das ist für ihn zur Fabel geworden: der Glaube, durch vieles Bücherlesen würde man ein besserer Mensch. Er will sich nicht mehr durch Bücher denken lassen. Er braucht keinen Anstoß mehr, um von der Stelle zu kommen. Er hat gehen gelernt. Jetzt läßt er sich laufen. Er muß auch nichts mehr niedermachen, weil es zu seiner Art des Lebens nicht paßt. Die Dinge lösen sich von ihm.

Vom Löwen zum Kind

»Ich lebe seltsam«, schreibt er seinem Musikerfreund Köselitz aus Genua am 8. Dezember 1881, »wie auf den Wellenspitzen des Daseins – eine Art fliegender Fisch.« Den Eseleien des »Du sollst«, den drei M's (Moment, Meinung, Mode), hatte er durch lange Übung entsagt. Jetzt löst sich auch das »Ich will«, das »Nein« von ihm ab. Er ist lange genug Löwe gewesen. Er kann jetzt wieder Kind sein. Kann auf eigenen Beinen gehen, mit hängenden Armen. »When a child was a child«, singt Van Morrison, »it didn't know it was a child, it didn't have an opinion about a thing, had no habit.«

Nietzsche ist auf seiner unendlichen Bahn. Der Moment ist keine Aufforderung mehr, dies und jenes zu tun, der Moment ist tiefe Entspannung, etwas, von dem er wünschen kann, daß es ewig wiederkehrt. »Alle Lust will tiefe, tiefe Ewigkeit.« Nietzsche ist in der zweiten Verwandlung. Der Verwandlung vom Löwen zum Kind, vom »Ich will« zum »Ich bin«. Für Momente ist er dem Drang zu wollen entzogen.

»Etwas ›wollen‹, nach etwas ›streben‹, einen ›Zweck‹, einen ›Wunsch‹ im Auge haben – das kenne ich alles nicht aus Erfahrung. Noch in diesem Augenblick sehe ich auf meine Zukunft – eine weite Zukunft! – wie auf glattes Meer hinaus: Kein Verlangen kräuselt sich auf ihm.«

Nietzsche liebt jetzt sein Schicksal, und zwar so sehr, daß er sich Sisyphos glücklich denkt, daß er sich wünscht, alles möge ewig genau so wiederkehren: Amor fati. Man sieht ihn nun öfter tanzen auf seinen Spaziergängen in Sils-Maria, rund um den Silser See. Er lacht wieder. Auch über sich selber. Auch seine Meinungen sind situativ und entbehrlich.

»Man sage sie und schicke ein Gelächter hinterdrein, es hat noch kein Genie gegeben, dessen Meinungen nicht entbehrlich gewesen wären.« In einer Art zweiten Naivität spürt er die Leichtigkeit des Seins. Nietzsche kann sich jetzt laufen lassen. Das Lassen tun ist seine neue Übung:

> »Indem wir thun, lassen wir. – Im Grunde sind mir alle jene Moralen zuwider, welche sagen: ›Thue diess nicht! Entsage! Überwinde dich!‹ – ich bin dagegen jenen Moralen gut, welche mich antreiben, Etwas zu tun und wieder zu thun und von früh bis Abend, und Nachts davon träumen, und gar Nichts zu denken als: diess gut zu thun, so gut als es eben mir möglich ist! Wer so lebt, von dem fällt fortwährend Eins um das Andere ab, was nicht zu einem solchen Leben gehört: ohne Hass und Widerwillen sieht er heute Diess und morgen Jenes von sich Abschied nehmen, den vergilbten Blättern gleich, welche jedes bewegtere Lüftchen dem Baume entführt: oder er sieht gar nicht, dass es Abschied nimmt, so streng blickt sein Auge nach seinem Ziele und überhaupt vorwärts, nicht seitwärts, rückwärts, abwärts. ›Unser Thun soll bestimmen, was wir lassen: indem wir thun, lassen wir‹ – so gefällt es mir, so lautet mein placitum. Aber ich will nicht mit offenen Augen meine Verarmung anstreben, ich mag alle negativen Tugenden nicht, – Tugenden, deren Wesen das Verneinen und sich selber versagen ist.«

Mit dem Wachsen der Selbstliebe kommt die Freude am anderen. »Freude an fremder Originalität haben«, notiert er sich, »ohne der Affe derselben zu werden, wird vielleicht einmal das Zeichen einer neuen Kultur sein.«

Die Bejahung der eigenen Originalität führt unwillkürlich zur Bejahung der fremden Originalität. Die Sorge um sich selbst führt zur Achtung des Anderen. Nun stehen die Türen offen. Nietzsche hat sein Maß gefunden.

> »Von zwei ganz hohen Dingen: Maß und Mitte, redet man am besten nie. Einige wenige kennen ihre Kräfte und

> Anzeichen, aus den Mysterienpfaden innerer Erlebnisse und Umkehrungen: sie verehren in ihnen etwas Göttliches und scheuen das laute Wort: Alle übrigen hören kaum zu, wenn davon gesprochen wird, und wähnen, es handele sich um Langeweile und Mittelmäßigkeit: jene etwa ausgenommen, welche einen anmahnenden Klang aus jenem Reich einmal vernommen, aber gegen ihn sich die Ohren verstopft haben. Die Erinnerung daran macht sie böse und aufgebracht.«

Immer stärker hört Nietzsche den anmahnenden Klang eines anderen Gottes der Griechen: Apollon. Der Gott der schönen Form. Nietzsches Sound wird lyrischer:

> »Nacht ist es: nun reden lauter alle springenden Brunnen. Und auch meine Seele ist ein springender Brunnen. Nacht ist es: nun erwachen alle Lieder der Liebenden. Und auch meine Seele ist das Lied eines Liebenden. Ein Ungestilltes, Unstillbares ist in mir, das will laut werden. Eine Begierde nach Liebe ist in mir, die redet selber die Sprache der Liebe.«

Wenn er über Dionysos redet, meint man die Stimme Apollons zu hören:

> »Das Genie des Herzens, wie es jener grosse Verborgene hat, der Versuchergott und geborene Rattenfänger des Gewissens (...) – das Genie des Herzens, das alles Laute und Selbstgefällige verstummen macht und horchen lehrt, das die rauen Seelen glättet und ihnen ein neues Verlangen gibt, still zu liegen, wie ein Spiegel, dass sich der tiefe Himmel auf ihnen spiegele –; das Genie des Herzens, das die tölpische und überrasche Hand zögerlicher und zierlicher greifen lehrt (...), das Genie des Herzens, von dessen Berührung Jeder reicher fortgeht, nicht begnadet und überrascht, nicht wie von fremdem Gute beglückt und bedrückt, sondern reicher an sich selber, sich neuer als zuvor, aufgebrochen, von einem Thauwinde angeweht und ausgehorcht, unsicherer vielleicht,

> zärtlicher, zerbrechlicher zerbrochener, aber voll Hoffnungen, die noch keinen Namen haben, voll neuen Willens und Strömens, voll neuen Unwillens und Zurückströmens ... aber was thue ich (...). Von wem rede ich? (...) Wie es nämlich einem Jeden ergeht, der von Kindesbeinen an immer unterwegs und in der Fremde war, so sind auch mir manche seltsame und nicht ungefährliche Geister über den Weg gelaufen, vor allem aber der, von dem ich eben sprach, und dieser immer wieder, kein Geringerer nämlich, als der Gott Dionysos, jener große Zweideutige und Versucher Gott, dem ich einstmals, wie sie wissen, in aller Heimlichkeit und Ehrfurcht meine Erstlinge dargebracht habe – als der letzte, wie mir scheint, der ihm ein Opfer dargebracht hat: denn ich fand keinen, der es verstanden hätte, was ich damals tat. Inzwischen lernte ich Vieles, Allzuvieles über die Philosophie dieses Gottes hinzu (...) von Mund zu Mund (...) ich dürfte wohl endlich damit anfangen, euch, meinen Freunden, ein Wenig, soweit es mir erlaubt ist, von dieser Philosophie zu kosten zu geben. Mit halber Stimme, wie billig: denn es handelt sich dabei um mancherlei Heimliches, Neues, Fremdes, Wunderliches, Unheimliches. Schon dass Dionysos ein Philosoph ist ...«

Nietzsche ist zeitweilig wie in Trance. Er halluziniert Gärten voller Blumen. Doch er findet niemanden, dem er seine Erfahrungen vermitteln könnte. »Ich bin die Einsamkeit als Mensch«, klagt er. »So ist mir Niemand mit dem Tausendstel von Leidenschaft entgegengekommen, um mich mit ihm ›zu verstehen‹; ich war dergestalt schon als Kind allein, ich bin es heute noch, in meinem 44ten Lebensjahre.« Auch seine Beziehung zu Lou Andreas-Salomé gibt ihm nicht das, was er ersehnte. Sie wird ihre Beziehungsprobleme später bei Freud auf der Couch durcharbeiten. Für Nietzsche steht Freuds Couch noch nicht

bereit. Er muß den härteren Weg einer Selbstanalyse gehen, muß sein eigener Beichtvater sein. Er bleibt, was er von Kindesbeinen an war: unterwegs und in der Fremde. Terra incognita.
Er erzählt sich noch einmal sein Leben. Das Buch trägt den Titel: »Ecce homo. Wie man wird, was man ist.« – Seht, welch ein Mensch! Nietzsche beschwört nochmals ein Leben, das über ihm schwebt: Kunst und Leben sind eins geworden. Philosophieren, Musik machen ist für ihn jetzt »eine andere Art, Kinder zu machen«. So könnte er leben:

> »Namenlos und leicht verspottet leben, zu niedrig, um Neid oder Feindschaft zu erwecken, mit einem Kopf ohne Fieber, einer Handvoll Wissen und einem Beutel voll Erfahrungen ausgerüstet, gleichsam ein Armenarzt des Geistes sein und Dem und Jenem, dessen Kopf durch Meinungen verstört ist, helfen, ohne dass er recht merkt, wer ihm geholfen hat! ... Niedrig sein können, um Vielen zugänglich und für Niemanden demüthigend zu sein! Viel Unrecht auf sich liegen haben und durch die Wurmgänge aller Art Irrthümer gekrochen sein, um zu vielen verborgenen Seelen auf ihren geheimen Wegen gelangen zu können. Immer in einer Art Liebe und immer in einer Art Selbstsucht und Selbstgeniessens! Im Besitz einer Herrschaft und zugleich verborgen und entsagend sein! Beständig in der Sonne und Milde der Anmuth liegen und doch die Aufstiege zum Erhabenen in der Nähe wissen! – Das wäre ein Leben! Das wäre ein Grund lange zu leben!«

Kurz vor seinem Wahnsinn schreibt er an einen Freund: »Aber, Andere müssen das besser machen, mein Leben sowohl als mein Denken.« Dann geht alles sehr schnell, wie in einem beschleunigten Videoclip. Er kann sein Gleichmaß nicht halten. Der Philosoph mit dem Hammer flucht noch einmal auf das Christentum, verwandelt sich noch einmal mit Schaum vor dem

Mund zurück in den Löwen und schreit sein »Nein« in einen leeren Raum ohne Echo. Etwas in ihm will plötzlich die Weltherrschaft übernehmen. Er schreibt Wahnsinnszettel an Leute, mit denen er lange keinen Kontakt mehr hatte, und unterschreibt mit »Der Gekreuzigte«. Beim Abzug einer der vielen Häute springt ihn plötzlich wieder der Geist der Schwere an. In Turin sieht Nietzsche aus dem Fenster seiner Herberge, wie ein Kutscher sein Pferd schlägt. Im dionysischen Mitgefühl rennt er auf die Straße, umarmt die arme Kreatur und stürzt in das dunkle Feuer am Abgrund.

Die Musik zu dem Videoclip ist von Nine Inch Nails:

Tried to save myself but myself keeps slipping away
Talking to myself all the way to the station
Pictures in my head of the final destination
All lined up
(all the ones that aren't allowed to stay)
Tried to save myself but myself keeps slipping away

Tried to save a place from the cuts and the scratches
Tried to overcome the complications and the catches
Nothing ever grows and the sun doesn't shine all day
Tried to save myself but myself keeps slipping away
Tried to save myself but myself keeps slipping away

Zehn Jahre nach dem Absturz, nach einem Dahinvegetieren unter der Aufsicht seiner Mutter und seiner Schwester, dem »Lama«, stirbt Friedrich Nietzsche am 25. August 1900.
Doch sein philosophisches Haus, mit offenen Türen und Fenstern, steht noch heute.

Nietzsches Vitamine:

Vitamin A: Praxis

»Trau keinem Gedanken, der im Sitzen kommt!« In Bewegung bleiben heißt für Nietzsche nicht nur reisen, wandern, joggen und gehen, sondern vor allem Ge(h)dachtes auch tun. Praxis. Gedanken sind dazu da, sie in die Tat umzusetzen. Philosophie kann uns verändern. Achte darauf, ob dich ein Gedanke nur belehrt und informiert oder ob er dich belebt, beschwingt und antreibt, ihn und mit ihm etwas in die Tat umzusetzen.

Vitamin B: Kleine Dosen

Wenn eine Veränderung in die Tiefe wirken, zum sicheren Verhalten werden soll, dann kann das Neue nur in kleinen Schritten und durch beständiges Training erreicht werden. Nietzsche plädiert für kleine abweichende Handlungen. Große gedankliche Neuentwürfe sind zwar schön, aber ändern oft nichts an unserem Verhalten. Nietzsches Philosophieren öffnet den Blick für das Nächste und Gewohnte. Wir sollen »Nachbarn der nächsten Dinge« werden. Dafür Augen zu haben und dort etwas zu verändern geht nur in kleinen Dosen.

Vitamin C: Heiterkeit
Geist der Schwere kommt auf, wenn es um große, unbedingte Wahrheiten, um moralisches Sollen und Befolgen geht. Nietzsches »Fröhliche Wissenschaft« will von uns Heiterkeit, Leichtigkeit und Genauigkeit. Die großen Wahrheiten gibt es nicht, jetzt können wir uns mit Lust und Heiterkeit auf die Suche nach lebbaren kleinen Wahrheiten machen. Fehler machen und scheitern ist Teil der Arbeit an sich selbst. Genau dabei bleiben ist wichtig. Sich nichts vormachen.

Vitamin D: Irritationsfest
Keine Veränderung vollzieht sich ohne Irritationen. Nietzsche fordert uns heraus, und er fordert uns auf, diesen Irritationen stattzugeben. Sie verändern uns. Seine Philosophie kann eine solche Irritation sein. Wir können mit ihm üben, einfach wahrzunehmen, statt immer alles sofort verstehen zu müssen. Aufschließendes Verstehen geschieht nur in und durch Veränderung. Das Verstehen des Neuen kommt dann später.

Vitamin E: Erinnern ist Selbstsorge!
Die Vorstellungsübung:
Nietzsche schlägt vor, daß wir die Momente noch einmal Revue passieren lassen, die uns im bisherigen Leben wirklich glücklich gemacht haben oder in denen wir »wahrhaft geliebt« haben. Wenn wir immer wieder diese Situationen nachempfinden, in denen wir »am lebendigsten« waren, dann strahlen diese Erinnerungen aus auf das, was wir in der Gegenwart tun und in der Zukunft tun könnten. Wir fokussieren und justieren uns neu, auf das hin, was wir wirklich wollen. Vielleicht machen wir ja schon genau das, was unserem Selbst entspricht; dann war der nochmalige Check eine gute Bestätigung. Wenn nicht, wird die Differenz deutlich zu dem, was wir bis zu diesem Zeitpunkt

nicht gelebt, aber als Potential in uns haben. Die konkrete Arbeit am Selbst besteht dann darin, die eigene Situation neu zu hinterfragen. In welchen Lebenszusammenhängen ist die mir mögliche Lebendigkeit völlig verlorengegangen? Wie kann ich diesen Bereichen wieder Leben einhauchen? Welche anderen Möglichkeiten, an diese Lebendigkeit wieder heranzukommen, gibt es? Habe ich, wie Nietzsche Zarathustra sagen läßt, »noch Chaos in mir, um tanzende Sterne zu gebären«? Lebe ich noch, oder habe ich mich in der Mechanik des Lebens verloren? Wie ist die Situation im beruflichen Bereich? Welche Veränderungen sind dort möglich? Verändere ich mich innerhalb der Firma, bei der ich arbeite, oder suche ich eine andere Firma? Mache ich, wenn möglich, etwas ganz anderes?

Durch die Vorstellungsübung wird uns vielleicht plötzlich klar: Ja, genau da hast du dich wieder zerschneiden lassen, dort hast du dich wieder kleinmachen lassen. Was vorher in der Routine des Alltags vergessen war, leuchtet möglicherweise wieder auf. Das Schwergewicht kann sich verlagern, auch wenn es nur minimal ist. Die Frage nach dem Genuß an dem, was ich mache, stellt sich. Ist die Arbeit vielleicht nur reine Selbstverleugnung? Worauf lege ich den Nachdruck? Auf die äußeren Bedingungen oder auf inneres Wachstum?

Diogenes von Sinope

Hund des Himmels

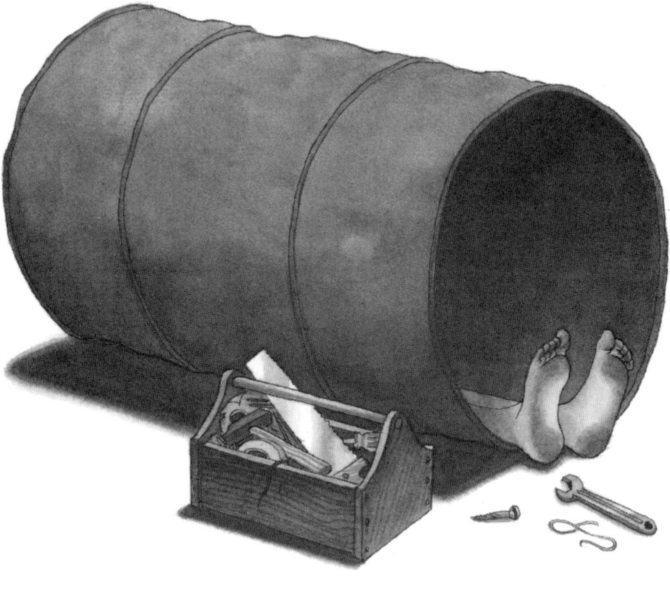

Er war Sohn eines Bankiers, soll Geld gefälscht haben, wurde deswegen verbannt, als Sklave verkauft und lebte nach seiner Freilassung auf der Straße. Als Schlafstätte benutzt er eine alte Tonne. Diogenes, der Philosoph, der am hellichten Tage mit seiner Lampe auf dem Marktplatz nach »Menschen« sucht, ist im Internet nicht zufällig in Gesellschaft der alten Bluesmusiker zu finden. Wie sie lebt er auf der Straße und liebt die Unabhängigkeit. Diogenes hat nicht nur den Blues, seine Philosophie ist auch Rock 'n' Roll.

You ain't nothing but a hound dog

Man nennt ihn wegen seiner rüden Art »Kyon«, Hund. Er ist, wie der Rock 'n' Roll, am Anfang kein Schoßhund der Schickimickigesellschaft, sondern ein »hound dog«, ein frecher Spürhund – ein Spürhund für das falsche und verlogene Leben.

Das richtige Leben findet für Diogenes nicht nur im Kopf statt, es hat einen Körper. Nicht körperbezogene Philosophie lehnte er ab. Bei Diogenes von Sinope kann man, ohne zu zögern, sagen: Seine Selbstsorge ist sein Körper, seine Lehre ist seine Lebensweise. Als der große Platon die berühmte Ideenlehre seinen Adepten vorträgt, läßt Diogenes als Kommentar dazu einen Furz und geht lachend weg. Er onanierte öffentlich mit der Bemerkung: »Wenn man nur auch den Hunger stillen könnte, indem man sich den Bauch reibt!« Und zu seiner Sklavenzeit antwortete er auf die Frage eines potentiellen Käufers seiner Dienste, worauf er sich denn verstehe und welche Kunst er ausübe:

»Ich bin ein Befreier der Menschheit, ein Arzt für seelische Leiden.«

Diogenes war eine Art Dr. Feelgood der Philosophie. Positives Denken, meinte er, gilt es zuallererst einzuüben und einzutrainieren. »Gar nicht so schlecht«, war sein Wahlspruch in allen Lebenslagen. Auch als er verbannt wurde, sagte er: »Gar nicht so schlecht«, denn er fing in der Verbannung an zu philosophieren. Seine Übungen der Selbstsorge sind einfach, aber hart. Nach seinen wichtigsten philosophischen Vitaminen als Seelenarzt befragt, antwortet er:

> »Frech mußt du sein und rücksichtslos und jedem ohne Ausnahme, vom einfachen Bürger bis zum König, die Wahrheit ins Gesicht schleudern. So werden sie dir Beachtung schenken und dich für mutig halten. Deine Sprache soll fremdartig sein, deine Sprechweise schnarrend – genau wie ein Hund. Dein Gesicht wirke angespannt, dein Gang so, wie es sich für ein solches Gesicht schickt, und der Gesamteindruck tierisch, wild. Keine Spur von Respekt, Anstand, Mäßigung darf dir bleiben ... Verrichte hemmungslos vor aller Augen, was man sonst einmal im Verborgenen tut, und was Sex betrifft, praktiziere die lächerlichsten Varianten. Und schließlich, wenn du Lust hast, friß einen rohen Kraken oder Tintenfisch, und stirb! Das ist das Glück, das wir dir garantieren können.«

Den auch wegen des feisten Adressaten – ein interessierter Käufer seiner Sklavendienste – übermäßig provokanten Punkgestus abgezogen, läßt sich der vitaminöse Kern seiner Selbstsorge-Therapie auch so beschreiben: Zuallererst übe dich in dem, was die Griechen »parrhesia« nannten, das heißt frank und frei die Wahrheit sprechen, wenn dir danach ist.

Fratzen und Tyrannenzubehör

Wir machen alle in bestimmten Situationen »Beifallsgesichter«, wo es vielleicht gar nicht nötig ist, vor allem wenn Autoritäten im Spiel sind. Man steht zum Beispiel bei einer Jubiläumsfeier eines Fernsehsenders mit einem früheren Kollegen im Gespräch zusammen, und der Intendant des Senders kommt in die Nähe. Schon flackern die Augen, die Beifallsmiene in Richtung Intendanz gräbt sich in unser Gesicht, das beim Anblick so vieler Krawattenträger ohnehin schon zum Krawattengesicht mutierte, und der frühere Kollege ist für die Zeit der Präsenz des großen Chefs abgemeldet. Oftmals aber nehmen wir unser derartiges Verhalten gar nicht wahr, dann ist der »Beifall« zum Habitus geworden und die »parrhesia« in weite Ferne gerückt. Mit spontaner Freundlichkeit und Freimütigkeit läßt sich so ein Verhalten nur schwer rationalisieren.

Auch das Medium selbst prägt die Gesichter. Kaum eine Moderatorin oder ein Moderator im Fernsehen entkommt über kurz oder lang dem typischen Fernsehgesicht. Selbst Philosophen, die im Fernsehen auftreten, werden Fernsehen. »Tyrannenzubehör« nannte Epikur Platon, dessen Kratzfüßigkeit im Blick auf den Tyrannen Dionysios auch Diogenes wahrgenommen hat. In unserer sogenannten Mediendemokratie werden wir allzu leicht »Medienzubehör«.

Fernsehen ist nur ein Beispiel. Das Phänomen, das Diogenes ex negativo beschreibt, läßt sich auf alle Medien und hierarchische Strukturen übertragen, weil es in ihnen allen zu beobachten ist. Überall Gesichter oder Stimmen, die das Radio, die Werbung, das Theater, die Uni, die Schule, der Arbeitsplatz codiert ...

I wanna be anarchy ...

In Diogenes, dessen Körper unwillkürlich abstrakte Theorien durch kurze Körpertöne widerlegt, hat sich durch seine bedürfnisreduzierte, unabhängige Lebensweise eine feine physiognomische Intelligenz ausgebildet, die instinktiv falschen Beifallsgesten aus dem Weg geht. Auch er ist wie Diotimas Dionysos zugleich Straße und High Class.

Nicht umsonst thematisieren Michel Foucaults letzte Vorlesungen vor seinem Tod die kynische Ethik der Provokation. Nachdem er in den vorangehenden Jahren die antike Selbstsorge für sich entdeckt hatte und eine hellenistisch-römische Kultur des Selbst analysierte, die dort aber nur eine Elite lebte, nachdem er sich danach eingehend mit der »parrhesia«, dem Mut, »wahr zu sprechen«, beschäftigt hat, wandte er sich zuletzt also an die radikale kynische Ethik. Die Kyniker als letzte Rettung, als ein Mittleres zwischen einer Ethik der Exzellenz und einer nivellierenden Moral für alle? In Diogenes' provokanter Sexperformanz auf der Straße – why don't we do it in the road, no one will be watching us – hört man schon Foucault: »Nieder mit dem König Sex«.

Auch Gilles Deleuze hat diese kynisch-punkigen Gesten im Blick, wenn er vom »Tierwerden« spricht und dem »Fremdwerden« in der eigenen Sprache. »Deine Sprache soll fremdartig sein, deine Sprechweise schnarrend – genau wie ein Hund.« Beide, Foucault wie Deleuze, plädieren, im Gespräch über zwei Jahrtausende hinweg, für die »blue notes«, den Blues in der Stimme, für die Abweichung vom geglätteten, elaborierten Diskurs.

Und wie läßt sich die »parrhesia« in die Sprache der Liebe übersetzen, auf die Wahrheit des Herzens übertragen? In der Liebe wäre diese »parrhesia« die Stimme der Öffnung des Herzens. Man sagt sich ohne strategische Spielchen, was man füreinander empfindet. No more lovegames ...

Three rough chords and the truth

Sowohl im Blick auf die anderen als auch im Blick auf den Tod gilt für Diogenes die Frechheit als Beweis der Wahrheit. Wir sind endliche Wesen. Das Leben ist zu kurz für allzu lange Beifallsgesichter. Brav sein können wir, wenn wir tot sind. Dann sind wir es nämlich wirklich und nichts weiter, zumindest können wir darüber nichts wissen. Also, wenn du Lust hast, »friß einen rohen Kraken oder Tintenfisch, und stirb!«
Die Frechheit und Freimütigkeit können wir am besten an uns selbst einüben. Auf die Frage: »Wie wird man sein eigener Lehrer?« antwortet Diogenes: »Indem man alles, was man an anderen auszusetzen hat, vor allem an sich selber aussetzt.« Der Andere ist eine Projektion des Selbst, und wenn es wirklich Grund zum Zittern gibt, dann eher vor sich selbst als vor dem Anderen, der nur das äußere Zeichen davon ist. Keine ganz leichte Übung der Rückwendung auf sich selbst, vor allem, wenn wir uns gerade so schön echauffieren über die anderen und wenn wir so gerne über andere richten. Aber ohne diese Rückwendung in der Sorge um sich selbst werden wir das Zittern und das Beifallsgesicht vor den anderen nicht los.

Freedom's just another word for nothing left to lose

»Man nennt mich ›Hund des Himmels‹, nicht der Erde«, schreibt Diogenes an einen Freund, »weil ich mich mit jenem vergleiche; ich lebe ja nicht der falschen Meinung gemäß, sondern folge der Natur, bin frei unter Zeus und schreibe ihm das Gute zu, nicht meinen Nächsten.«
Diogenes orientiert sich am Höchsten, nicht am Nächsten. Und Zeus scheint für ihn kein Richter gewesen zu sein, eher ein »Godfather of Rock'n'Roll«. Zeus war sein DJ – »God is a DJ«,

»God must be a Boogie Man« –, der für ihn genau die richtigen Platten aufgelegt und gescratcht hat. Sein Gottesglaube hat ihn gegenüber den anderen frei und unabhängig gemacht – auch gegenüber dem mächtigsten Mann seiner Zeit, dem großen Alexander. Als der übermächtige Herrscher Griechenlands ihn besucht und ihm generös einen Wunsch freistellt, antwortet Diogenes cool: »Geh' mir aus der Sonne!«

Diogenes' Vitamine:

Vitamin A: Du mußt jemandem dienen, aber überleg' dir genau, wem!
Diogenes macht keine falschen Diener und bedient keine Meinungen. Er dient der Natur, Zeus und sich selbst.

»You gotta serve somebody«, hat Prof. Dylan bei seinem Gastauftritt an Deleuzes Uni in Vincennes gesungen.

»You may be a business man or some high degree thief,
They may call you Doctor or they may call you Chief

But you're gonna have to serve somebody, yes indeed
You're gonna have to serve somebody,
Well, it may be the devil or it may be the Lord
But you're gonna have to serve somebody

You may be a state trooper, you might be a young Turk,
You may be the head of some big TV network,
You may be rich or poor, you may be blind or lame,
You may be living in another country under another name

But you're gonna have to serve somebody, yes indeed
You're gonna have to serve somebody,
Well, it may be the devil or it may be the Lord
But you're gonna have to serve somebody.«

Vitamin B: Sei frech, kriech' nicht, schau' genau hin und lerne zu verlernen!

Bei Diogenes wird die Frechheit natürlich übertrieben. Er provoziert, aber eine Grundfrechheit sollte man haben: nicht vorschnell in Konfliktsituation mit seinen Interessen zurückstecken aus Angst vor einer Eskalation des Konfliktes. Manchmal ist mehr drin für uns, als wir uns zu sagen trauen. Deshalb gilt es, sich Situationen zu merken, in denen wir zu kleinmütig unsere Interessen zurückstellen, um beim nächsten Mal besser für uns selbst zu fighten.

Hör' genau hin, sei ein Spürhund für alles Verlogene und Falsche, lies in den Augen, ob ein Lachen aus dem Herzen kommt oder nur aufgesetzt ist, studiere die Gesten, die Gesichter – sie sagen die Wahrheit, nicht der Mund!

Verlernen ist als kritische Funktion der Selbstpraxis besonders wichtig. Lerne, dich aller schlechten Gewohnheiten, falschen Ansichten, die von der Menge, schlechten Lehrmeistern, Eltern, der engen Umgebung, falschen Freunden etc. übernommen wurden, zu entledigen, versuche, sie zu tilgen: Lerne selbstkritisch und ehrlich »Nein«-Sagen!

Albert Camus

Sehnsucht nach Licht

Die großen Probleme der Philosophie liegen auf der Straße. Sie sind jedem im Ansatz unmittelbar zugänglich. Sie sind weder schwierig noch schwer verständlich; es braucht nur Mut, ihnen nicht aus dem Weg zu gehen.

Das Gefühl des Absurden

»Das Gefühl der Absurdität«, schreibt Albert Camus in »Der Mythos von Sisyphos«, »kann einen beliebigen Menschen an einer beliebigen Straßenecke anspringen. Es ist in seiner trostlosen Nacktheit, in seinem glanzlosen Licht nicht zu fassen.« Fast jeder kennt dieses Gefühl: Was soll das alles? Was mache ich da eigentlich? Lohnt sich dieser ganze Krampf?

> »Aufstehen, Straßenbahn, vier Stunden Büro oder Fabrik, Essen, Straßenbahn, vier Stunden Arbeit, essen, schlafen, Montag, Dienstag, Mittwoch, Donnerstag, Freitag, Samstag. Immer derselbe Rhythmus – das ist sehr lange ein bequemer Weg. Eines Tages aber steht das ›Warum‹ da.«

Das Gewohnte wird plötzlich fremd und undurchdringlich; es erscheint uns absurd! Die Mechanik des Lebens wird sichtbar. Die gewohnte Tonspur des Alltags reißt ab. Die Bewegungen verlangsamen sich oder sind extrem beschleunigt wie in einem Wong Kar Wei-Film. Der Alltag ist wie hinter Glas. Ein Gefühl des Ekels stellt sich ein. Jemand hinter uns fängt an zu lachen. Es ist der Anfang des Bewußtseins. Philosophie entsteht für Camus aus diesem Gefühl des Absurden, und uns stellt es die Frage: Lohnt sich dieses Leben, oder bringe ich mich um? Für Camus ist das die einzig wirkliche philosophische Frage. Alles andere ist mehr oder weniger Gedankenspielerei. Ob die Vernunft nun neun oder zwölf Kategorien hat, mit denen sie versucht, sich die Wirklichkeit so oder so zurechtzumachen, ist nicht so wichtig! »Diese alles klärenden Kategorien haben für einen aufrichtigen Menschen etwas Lächerliches«, schreibt Camus im »Mythos von Sisyphos«.

Das Kategorisieren der Wirklichkeit durch abstrakte Begriffe und ein entsprechender Wissensmodus mit darauf abgestimmten Verstehensritualen, das ist nur die intellektuelle Variante einer grundlegenden Technik, dem Gefühl des Absurden auszuweichen. Mit Blick auf die entscheidende Frage des Selbstmords machen sich solche Techniken aus wie Beschäftigungstherapien, Denkspiele der Verstellung. Games people play.

Camus geht nicht in die Falle der begrifflichen Verstellung. Er bleibt auf der Ebene des Gefühls. Im Schatten der Empfindung, im »glanzlosen Licht« des Absurden nähert er sich auf der Suche nach Erkenntnis jener »Hellsichtigkeit«, die das Gefühl für das Absurde klarer und deutlicher werden läßt. Der blitzartige Flash des Absurden ist entscheidend und der Moment danach. Die Kulissen stürzen ein. Und dann? Träume ich nur, oder wache ich gerade auf? Spult sich der Clip zurück in die Mechanik des Gewohnten, oder zoomt das Gefühl des Absurden in mein Bewußtsein und wird dort immer schärfer und heller?

Camus ist ein Cartesianer des Gefühls. Was Descartes dem Verstand abfordert, das »Clara et distincta« der Begriffe, erspürt Camus auf der Ebene des Gefühls. Durch klare und deutliche Empfindungen erfahren wir mehr von uns selbst und der Welt als durch klare und deutliche Kategorien des Denkens. Nicht durch das »Ich denke, also bin ich«, sondern durch das »Ich empfinde, also bin ich« nähere ich mich dem Selbst und den Dingen. Die Erfahrungen und die Empfindungen sind das

Primäre, die Vorstellungen das Sekundäre. Der Sinnspruch aus Delphi »Erkenne dich selbst« ist bei Camus in die Sphäre des Gefühls und der Empfindung transformiert. Aufklärung ist tiefer gelegt. Es ist das »flimmernde Licht« der Empfindungen, das den Dingen eine sichtbare Zeichnung gibt. Camus beschreibt Gefühls- und Körpererfahrungen. Er beschreibt sie in Bildern, weniger in Begriffen. Die Lichter der Aufklärung sind für ihn Gefühls- und Körperblitze.

Camus' Körper gehört nicht, wie der Sartres und anderer Intellektueller seines Zuschnitts, dem französischen Bürgertum, wo nach Foucault die Regel gilt, »immer ein wenig mehr als andere zu wissen, ein klein wenig besser zu sein in der Klasse, schon als Baby, besser am Fläschchen zu nuckeln als ein anderer, früher die ersten Schritte zu machen als ein anderer; immer im Vergleich, im Wettbewerb zu stehen, mehr zu leisten als die anderen, immer der erste zu sein«. Im Gegensatz zu Foucault, der auch mit den Regeln des bürgerlichen Wissens aufgewachsen ist und in seinem Denken versucht, diesen Regeln zu entkommen, hat Camus' kindlicher Körper nicht im Wissen geplanscht. Er hat im Meer gebadet, im flimmernden Sonnenlicht.

»Wenn du nicht weißt, woher du kommst, wirst du niemals wissen, wohin du gehst.«

Camus hat diesen Spruch der afro-amerikanischen Philosophie gelebt. Er hat nie vergessen, woher er kommt: aus Oran in Algier. Aus kleinen Verhältnissen. Dort, im mediterranen Licht, hat er seine ersten Erfahrungen gemacht. Das »flimmernde Licht« hat seine Wahrnehmung für Welt und Werte geprägt. Es sind unmittelbare Körpererfahrungen: Baden im Meer, Fußballspielen am Strand. Es sind synästhetische Erfahrungen: Farben, Rhythmen und Gesten. Die Farbe der Haut zum Beispiel: weiß, goldbraun, bronzebraun. Je heißer es wird in Oran, desto stärker blendet das Weiß der Häuser, und desto dunkler wird das Braun der Körper.

»Der rhythmische Doppelschlag des Paddels setzt plötzlich aus«, erinnert sich Camus, »und wir gleiten in langen Bögen in das glatte Wasser des Hafens: eine brüderliche Bronzeschar junger Götter.«

Auch die Tanzabende seiner Jugend werden anläßlich einer Reise in die Vergangenheit wieder lebendig. Das Dancing am Padovani-Strand von Algier:

> »Immerhin erinnere ich mich an ein großes prachtvolles Mädchen, das den ganzen Nachmittag getanzt hatte. Es trug eine Halskette aus Jasminblüten über seinem engen blauen Kleid, das von den Hüften bis zu den Beinen schweißnaß war. Es lachte beim Tanzen und warf den Kopf in den Nacken. Kam es dicht an den Tischen vorbei, so ließ es einen Geruch von Körper und Blumen zurück. Wurde es dann Abend, so sah ich ihren Körper nicht mehr, der sich an einen Tänzer preßte – ich sah nur noch den hellen Jasmin und das dunkle Haar am Himmel kreisen; und wenn sie den Kopf zurückwarf, hörte ich ihr Lachen und sah, wie sich das Gesicht eines Tänzers plötzlich über ihren schwellenden Hals beugte. Meine Vorstellung von Unschuld verdanke ich solchen Abenden.«

Nicht bloß die sinnliche Art seines Wissens, nicht nur die Erfahrung der Welt durch die Empfindungen, auch Camus' Ethos ist durch seine Herkunft geprägt. Seine Ethik ist eingeschrieben im Roman des Körpers. Es ist die Straßenmoral seiner Jugend, die sich im absurden Ethos vergegenwärtigt. Eine Moral, in deren Wörterbuch der Begriff »Tugend« fehlt, wie in der arabischen Sprache.

»Deshalb fehlt es den Menschen nicht etwa an festen Grundsätzen. Man hat seine Moral, und durchaus eine eigenwillige. Man läßt seine Mutter nicht im Stich. Man beschützt seine Frau auf der Straße. Man ist zuvorkommend gegen Schwangere. Man fällt nicht zu zweien über einen einzelnen her, weil sich das nicht gehört. Es gibt unter uns noch viele, die unbewußt diese ungeschriebene Straßenmoral respektieren – meines Wissens die einzige uneigennützige Moral.«

Uneigennützigkeit, Unschuld und Tanz – so einfach scheint das absurde Ethos zu sein und ist doch so schwer. Vielleicht war es das vermeintlich Einfache, was einige hochgetunte Intellektuelle in Paris, unter ihnen Jean-Paul Sartre, dazu brachte, Camus' Denken etwas abschätzig als »Pfadfinderphilosophie« zu bezeichnen. Irgendwie lächerlich, diese Abschätzung der koks-und-whiskeygepushten Wissensplanscher. Schon allein Camus' schönes, intelligentes Gesicht widerlegt sie.

Absurdität und Askese

Die Welt des Wissens und der Abstraktion, die kommt bei Camus erst später dazu. Er verneint sie nicht, achtet sie sogar mehr als jemand, der die Bildung mit der Muttermilch eingesogen hat. Aber sie bleibt sekundär gegenüber der unmittelbaren Erfahrung der Natur und des Körperlichen. Der Nobelpreisträger für Literatur schreibt auch als Philosoph am Roman des Körpers.

Dort, im Erfahrungsleib, ist alles eingeschrieben: flimmerndes Licht, Meer, Landschaft, Kraft und Schönheit. Der Körper hat für Camus seine eigenen Wünsche und Launen, »seine eigene Seele«. Seine philosophische Sensibilität bleibt immer an diese Körpererfahrungen gebunden.

Camus präsentiert wie Nietzsche nie nur Kopfvorgänge, sondern redet von Erlebtem. Mimisch-Gestisches, Farben, Beleuchtung, Rhythmen und Sounds werden Philosophie. So wie die antiken Philosophen denkt Camus die Selbstsorge »ethopoietisch«, d. h. an körperlich sichtbaren Haltungen entlang. Und auch er macht sich aus einem Philosophen gerade soviel, als er imstande ist, ein Beispiel zu geben. Miene, Muskel und Tanz sind auch für ihn der Beweis der Wahrheit eines Gedankens. »Die Philosophien sind soviel wert wie die Philosophen«, schreibt er schon früh in sein Tagebuch.

Camus überschreibt seine ursprünglichen Erfahrungen nicht mit philosophischer Abstraktion. Er gibt sich nicht zufrieden mit dem Trostpreis »Verstehen«, dessen Laudatio sich darin erschöpft, das Verstandene als erledigt und abgehakt abzufeiern. Sein Denken sucht ein Verstehen in der Verwandlung. Schon früh macht er sich klar, daß alles zum Spiel wird, wenn man das Absurde auf die Spitze treibt: Das ist tragisch in bezug auf die Anstrengung, die zu machen ist, und komisch bzw. gleichgültig in bezug auf das Ergebnis. Wie für Nietzsche ereignet sich für Camus diese »äußerste Erfahrung« in den Momenten der Einsamkeit, und er versteht, daß sich das Spiel in der »Eroberung des Selbst läutert«. Die Erfahrung des Absurden ist der Anfang der Arbeit am Selbst und die nie endende Askese im hellsichtigen Wissen. Die entsprechende Maxime lautet: »Das Spiel durch die Eroberung des eigenen Selbst läutern – mit dem Wissen, daß es absurd ist.«

Absurdität und Askese durchdringen sich wechselseitig. Die absurde Erfahrung initiiert auf der Empfindungsebene den Prozeß der Selbstsorge, und das absurde Wissen schützt uns gleichzeitig vor Verabsolutierungen und Wahrheitsfanatismen.

»Ever tried? Ever failed? Doesn't matter! Try again, fail again, fail better!« (Samuel Beckett)

Durch Camus' Philosophie läuft das Beckettsche Band des »Besser-Scheiterns«. Mehr ist nicht drin, als immer wieder besser zu scheitern. Aber dieses Scheitern ist mehr als sich verabsolutieren in Unbedingtheitsgesten. Auch wer ständig perfekt sein will, gewinnt nur den Trostpreis im Leben: Kontrolle. Wer wahrheitsfixiert ist, sieht nur das eine. Und das ist nie gegenwärtig, immer anderswo. Er ist geblendet vom Absoluten. Er sieht die Vielheit des Kleinen nicht. Blockiert durch den hohen Anspruch, der sich bei manchen darauf zuspitzt, ein Superstar zu sein, kommt er nicht in die Bewegung des Möglichen. Oder er wechselt unaufhörlich die Masken, aber haucht ihnen kein Leben ein. »Let's get unconscious, honey ...«, schreibt Björk liebevoll in einem Song für Madonna, deren Perfektionsdrang sie zu einer bestimmten Zeit deutlich spürte. »Let's get unconscious, honey ... Leaving logic and reason/Travelling to the arms of unconsciousness.«

Bei Camus ist der Rückzug auf das Selbst aber nicht mit dem Wiederfinden einer Wahrheit verbunden. Die eine Wahrheit, die gibt es nicht: nicht im Selbst, nicht in der Welt. Die Arbeit am Selbst ist – im Gegenteil – die Annahme und das Aushalten des Absurden. Wir müssen wie Sisyphos, Camus' mythischer Held des Absurden, den Stein immer wieder den Berg hinaufrollen, in dem Bewußtsein, daß wir den Gipfel nie erobern. Denn wie der Mythos erzählt, rollt der Stein dem auf dem Gipfel des Berges angekommenen Sisyphos jedesmal wieder davon – in den Abgrund des Absurden.

»Wenn der Abstieg so manchen Tag in den Schmerz führt«, schreibt Camus im »Mythos von Sisyphos«, »er kann doch auch in der Freude enden.«

Auf der Ebene der Begriffe ist das schwer zu verbinden: Absurdität und Freude. Als eindringliches Bild, das uns zur Handlung und Verwandlung auffordert, wird es jedoch zum produktiven Paradox.

> »Man entdeckt das Absurde nicht, ohne in die Versuchung zu geraten, irgendein Handbuch des Glücks zu schreiben. ›Was! Auf so schmalen Wegen ...?‹ Glück und Absurdität entstammen ein und derselben Erde. Sie sind untrennbar miteinander verbunden.«

Sich dem absurden Gefühl auszusetzen, ist eine ständige Übung der Wahrnehmung. Unser Verstand ist darauf trainiert, Sinn, Bedeutung, Einheit und Ziel zu denken, und tendiert dazu, dieser Wahrnehmung des absurden Gefühls auszuweichen.

Camus beschreibt die denkerischen Ausweichmanöver der dem absurden Klima verwandten Philosophien. Für den vermeintlichen Pfadfinder des Absurden verlassen sie an einem bestimmten Punkt ihres Denkens den schmalen Pfad des Absurden. Sie geben dem Sinnlosen einen übergeordneten Sinn. Kierkegaard einen religiösen, Husserl einen metarationalen. Wie Nietzsche, der auch für Camus ein wichtiger Taktgeber war, spürt der algerisch-französische Existenzialist besonderer Prägung sehr genau jene von Platon und dem Christentum herkommende Drift zum übergeordneten Sinn. Dieser Drift des Denkens und religiösen Fühlens stellt er schroff sein absurdes Ethos entgegen: Stop making sense!

Dylan/Sisyphos

Der »schmale Weg des Absurden«, diesseits von Hoffnung und jenseits von Verzweiflung, ist kein Überdenken, sondern eine Meditationsübung. Allen Wünschbarkeiten des Denkens und Fühlens nach Einheit und Sinn zum Trotz meditiert Camus über das Absurde.

»Im Universum, das plötzlich wieder seinem Schweigen anheimgegeben ist, werden die tausend kleinen, höchst verwunderten Stimmen der Erde laut.« Wenn die transzendenten Stimmen des großen Sinns in der Meditation verstummen, dann hören wir wieder »die tausend kleinen, höchst verwunderten Stimmen der Erde.«

Der Stein rollt wieder: »How does it feel to be without a home, like a rolling stone?« Sisyphos ist immer, sozusagen in einer Tour, unterwegs. Dieses stete Aufnehmen und Rollen des Steins ist die absurde Askese. Wofür? Für nichts!

Aber dieses »Nichts« lehrt uns zu sehen: das Licht hinter uns. Es bedarf nur einer Drehung, um das zu sehen, was es hinter uns beleuchtet: das winzig Kleine im Lowlight der absurden Erfahrung. Camus' philosophisches Lichtset läßt gerade das sichtbar werden, was im grellen Licht des Absoluten ständig überstrahlt und ausgeleuchtet ist: Gegenwart, für Camus jener »herrliche und vergängliche Stoff«.

Die kleinen Gesten des Lebens ... ein Blick ... ein Zucken der Oberlippe ... ein Lächeln ... Cupidos Pfeil, der am Ohr vorbeizischt ... »dieser Grasduft und Sternenschein, die Nacht, Abende, an denen das Herz weit wird«.

Die »schillernden Bruchstücke« der gegenwärtigen Welt werden erst sichtbar im Licht des Absurden. Die Reise und Heimkehr nach Tipasa (Algerien) ist für Camus auch eine innere Umkehr, eine Konversion, wie es in der Praxis der Selbstkultur heißt.

»Fern von Paris haben wir gelernt, daß ein Licht hinter uns leuchtet, daß wir uns umdrehen und, alle Bindungen wegwerfend, ihm gerade ins Auge blicken müssen und daß es unsere Aufgabe ist, dieses Licht, durch das ganze Gewirr der Worte hindurch, zu benennen.«

Im Licht des Absurden gewinnen die winzigen Dinge wieder ihre Kontur. Das, was aus den Lichtkegeln der großen Scheinwerfer geflohen war und ins Aus geblendet wurde, tritt aus dem Dunkeln ins milde Licht des Absurden: »Das Leben der infamen Menschen«, wie Foucault später schreiben wird. Unbemerkt von den Intellektuellen in Paris hatte Camus schon die Linie überschritten, hin zu einer neuen Existenzweise. Er kam schon vor Foucault im Gefühl des Absurden auf die Spur der antiken Lebenskunst und situierte das Infame dort, wo es hingehört: in den Lichtkegeln der Macht.

»Ja, man triumphiert darüber, daß jetzt ›die Wissenschaft anfange, über das Leben zu herrschen‹: möglich, dass man das erreicht; aber gewiss ist ein derartig beherrschtes Leben nicht viel wert, weil es viel weniger Leben ist«, sagt Nietzsche in seinen unzeitgemäßen Betrachtungen. Mit ähnlicher Lichtsensibilität wie Camus beschreibt er die »verruchten Mittel« der Macht:

»Man blendet die Vögel, damit sie schöner singen: ich glaube nicht, dass die jetzigen Menschen schöner singen als ihre Grossväter, aber das weiss ich, dass man sie zeitig blendet. Das Mittel aber, das verruchte Mittel, das man anwendet, um sie zu blenden, ist allzu helles, allzu plötzliches, allzu wechselndes Licht.«

Auch ein Postbeamter, so Camus in einer Nebenbemerkung, kann ein absurder Held sein. Nicht nur jene extremen Typen und Bilder des Absurden, die er der Kontur wegen ausmalt: Eroberer, Don Juan und Schauspieler. Diese drei Typen und Existenzweisen sind verbunden durch das Bewußtsein der Sinnlosigkeit eines jeden großen Sinns und die gleichzeitige Annahme des Mannigfaltigen: Taten, Frauen und Rollen. Die vielen Gesichter des Lebens, die tausend ungelebten Möglichkeiten kommen wieder in den Blick, wenn das Blendlicht der großen Wahrheit ausgeschaltet wird.

Alle diese absurden Helden wissen: Die Eroberung gibt es nicht. Hinter jeder Tat, jeder Frau, jeder Rolle ist eine andere und »behind every beautiful thing there's some kind of pain«. Hätte

Albert Camus, der früh eines absurden Todes bei einem Autounfall gestorben ist, wie sein philosophischer Kollege Gilles Deleuze noch die Gelegenheit gehabt, Bob Dylan zu hören und ihn ebenso zu schätzen, wie Deleuze dies tat, dann hätte Camus den fahrenden Sänger sicher eingereiht in seine Galerie der absurden Helden: Dylan/Sisyphos »like rolling stones« auf ihrer »Never ending«-Tour.

Sisyphos liest im Handbuch seines Glücks

Das Beharren auf dem Absurden in der Meditation und das Ausfiltern der großen Sinnstimmen lassen die »Stimmen der Erde« hörbar werden. »Mein Reich ist von dieser Welt«, sagt der Mensch des Absurden. All den Vertrösterstimmen, den Mittel-zum-Zweck-Argumenten, seien sie hehr oder profan, antwortet das Absurde: »Stop making sense!« Camus beschreibt den ausweichenden »Sprung« dieser gewohnten Tonspuren:

»Man will Geld verdienen, um glücklich zu leben, und die ganze Anstrengung, die beste Kraft eines Lebens konzentriert sich auf den Erwerb dieses Geldes. Das Glück wird vergessen, das Mittel wird zum Selbstzweck.«

Es sind Vorstellungen, die das Absurde verstellen, Vorstellungen, die das Konkrete und die Gegenwart ständig transzendieren, Vorstellungen, die Mittel und Zweck in Trennung halten. Sisyphos erfährt die »verschwiegene Freude« als rollender Stein, wenn er die Vorstellung, den Gipfel erobern zu können, aufgibt und begreift, daß das Rollen und der Fels sein Schicksal sind und daß dieses Schicksal ihm gehört. Nicht der Gipfel, der Fels ist seine Sache. In der Konzentration auf den Stein und das Rollen kommt er in seine Gegenwart. »Die heitere Göttin der Gegenwart«, die Schopenhauer beschwört, wird erst dann seine Muse. Befreit vom Gewicht der Gipfelvorstellungen, genießt

Sisyphos das Rollen. Er fängt an, im Handbuch seines Glücks zu lesen.

»Wir müssen uns Sisyphos als einen glücklichen Menschen vorstellen«, so Camus' letzter Satz im »Mythos von Sisyphos«. Es ist das Glück der Gegenwart, die dann aufleuchtet, wenn die großen Zukunftsprojekte aufgegeben werden. Camus' Helden entscheiden sich für die Geschichte und gegen die Ewigkeit, was immer auch ihre Stellvertreter sind: Geld, Gott, Wahrheit oder Ideologie. Im Rollen des Steins wird die Ewigkeit zur variierenden Wiederholung, zur permanenten Auflehnung. Und in dieser ewigen Revolte, in der eigensinnigen Auflehnung sowohl gegen die absurde Lage wie gegen den Selbstmord gewinnt das Leben des Menschen seine Würde und seinen Wert. »Revolution« ist das lateinische Wort für Rückwendung. Überzeugt vom »rein menschlichen Ursprung alles Menschlichen«, öffnet die Rückwendung auf sich selbst (»ein Sisyphos, der zu seinem Stein zurückkehrt«) dem absurden Menschen den Blick auf das Leben und die lebendige Zone seines Selbst. »Was liegt am ewigen Leben«, zitiert Camus Nietzsche, »auf das Lebendige kommt es an.«

In dieser Zone der Lebendigkeit des Selbst liegt die Freiheit, die sich begrenzt weiß durch den Tod. Es gilt, dieses Endliche auszuschöpfen. Dafür lohnt es sich zu leben.

»Das abstrakte Denken verbindet sich wieder mit seinem körperlichen Träger.« Für Camus sind die Abstiege des Sisyphos, die doch auch in der Freude enden können, die Verbindung von »antiker Weisheit ... mit modernem Heroismus.«

Im absurden Modus des »Gib's auf, es auf tausend Arten mit dem Leben zu versuchen« steckt die moderne Selbstsorge, die Camus' Philosophie des Absurden ins 21. Jahrhundert verlängert und die zu realisieren uns aufgegeben ist. Camus' Straßentheorie, die von seinen philosophischen Zeitgenossen in ihrer

Rauheit nicht wahrgenommen wurde, findet heute einen Widerhall im Song von Van Morrison:

»It's a hard road, even my best friends they don't know
And I'm searching for, searching for the philosopher's stone.«

Camus' Vitamine:

Vitamin A: Übe deine Wahrnehmung für die Momente des Befremdlichen.
Es kann eine schnelle Empfindung beim Gehen durch eine Drehtür sein oder ein Körpersignal, ein kurze Unruhe, ein Unwohlsein in einem Gespräch. Nimm diese Signale zur Kenntnis, übergehe sie nicht, fertige sie nicht mit vorschnellen Erklärungen ab. Merk' sie dir, und wenn die Situation es nicht zuläßt, ihnen nachzugehen, ruf' sie dir, wenn du Zeit hast, wieder auf, um ihnen dann nachzufühlen.

Vitamin B: Versuche, dich von einem übermäßigen Perfektionsdrang zu entlasten. Genau und klar sein hat nicht unbedingt etwas mit Perfektion zu tun. Perfekt sein zu wollen paralysiert oft. Das Realisieren und erst recht das Gelingen einer Sache auf einer weniger perfekten Ebene kommt dadurch ins Stocken.

Vitamin C: Achte mehr auf die kleinen Dinge.
Achte auf das, was neben den Hauptgesichtspunkten deines Lebens liegt und durch die Raster deines Lebens, seien es Beruf oder Familie, fällt.

Heraklit

Alles ist in Fluß

Nur Fragmente sind uns überliefert von Heraklit. Kleine, verdichtete Aphorismen, die ihren Sinn nicht sofort entfalten. »Der Dunkle«, »der Rätselhafte« wird er genannt. Als Sokrates nach Heraklit befragt wird, sagt er: Es bedarf eines delischen Tauchers, um ihn zu verstehen. Bei Delos, wo das Meer besonders tief ist, bedarf es besonderer Ausdauer und Stärke, um auf den Grund zu gelangen. Gleiches gilt für denjenigen, der in Heraklits Gedanken eintaucht.

Netzwerktheoretiker aus Ephesos

Heraklit lebte einfach und zurückgezogen. Obwohl aristokratischer Herkunft, lehnt er die Angebote der Mächtigen für politische Ämter ab.
»Ich forsche mir selber nach«, setzt er dagegen. Er war der erste Philosoph, der Vorgänge der äußeren Natur nach innen, ins Seelische projizierte. Das war die Geburt der Psychologie.
Detlef B. Linke, der philosophisch bewanderte Neurologe, nennt ihn einen »Netzwerktheoretiker des Neuronalen«. Auch im Gehirn ist alles in Fluß, und das Netzwerk der Neuronen zeigt dabei keine hierarchische Struktur. Alles ist mit allem vernetzt, es gibt keine Kommandozentrale, kein Ich-Zentrum, so der Stand der heutigen Hirnforschung. Heraklit hat vor 2500 Jahren mit seinen Möglichkeiten der Introspektion heutige Erkenntnisse der computergestützten Hirnphysiologie vorweggenommen.

»Der Seele Grenzen kannst du nicht ausfinden,
auch wenn du gehst und jede Straße abwanderst;
so tief ist ihr Sinn.«

Der Netzwerktheoretiker der Antike sieht in der Seele als Spiegel der Natur, was Neurologen heute im Gehirn entdecken: unendliche Verbindungen, organisiert in komplexen Strukturen, die sich der vorherrschenden Logik des »Ich denke« und der Grammatik von »Subjekt und Prädikat« entziehen. Heraklit nennt diese komplexe Struktur »logos«, eine Vernunft, deren verborgene Ordnung für Heraklit das ewig lebendige Feuer symbolisiert:

»Für Feuer ist Gegentausch alles und Feuer für alles
wie Geld für Gold und Gold für Geld.«

Wechselweise wandelt sich alles vom Feuer in die Einzeldinge, und diese werden wieder zum alles vereinenden Feuer.

»Aus allem eins und aus einem alles«

Für Heraklit herrscht Einheit in der Vielheit und Vielheit in der Einheit. Auch die Bewegung des Werdens und Vergehens ist eine Einheit, und er vermag im Werdenden zugleich das Bleibende zu sehen.

»Das, was ist, zerstreut sich und tritt zusammen und
geht heran und geht fort. Fest ist nichts.«

Vielleicht ist nicht nur das Staunen der Anfang allen Philosophierens, sondern auch die Angst; die Angst unterzugehen in diesem ständigen Fluß. Die Angst vor Veränderung, die Angst vor Altern und Tod, die Angst vor dem »dunklen Feuer« des Dionysischen.

»Derselbe aber ist Hades und Dionysos«

Wenn Diotima durch die Maske des Sokrates die Mutter der Selbstsorge ist, dann ist Heraklit ihr Vater. Wir können uns verändern, bedeuten uns seine dunklen Sprüche. Wir müssen nur in diesen dionysischen Fluß steigen. Wenn wir – starr vor Angst – am Ufer bleiben, stellen wir uns statische Einheiten vor, die es gar nicht gibt, und häufen Wissen an, das uns nicht verändert: totes Wissen für totes Gewässer.

»Vielwisserei lehrt keine Vernunft. ... Denn das Weise ist das Eine: den einsichtsvollen Willen zu verstehen, der alles durch alles hindurchsteuert.«

»Das Eine im Werden« ist eine Deutung der Dinge, die am Anfang des europäischen Denkens aufblitzt, aber in der weiteren Entwicklung durch das »Eine im Sein« verdeckt wird. Dynamische Einsicht wird überdeckt durch statisches Wissen. Ist die Einsicht in das Werden, was immer auch ein Werden zum Tode ist, für uns so schwer zu ertragen, daß wir Wälle von Wissen dagegen aufbauen müssen?
Aus Einsicht »hindurchsteuern« ist eine Bewegung, die sich dem Fluß der Dinge anpaßt. Sie folgt der Bewegung, die den Dingen »einheimisch« ist.
Steuerndes Wissen hat dagegen ein Moment der Gewaltsamkeit, das In-die-Gewalt-Bringen einer Bewegung. Auch hier machen moderne Gleitsportarten wie Snowboarden, Paragliding und Surfen den Unterschied von Steuern und Hindurchsteuern in besonderer Weise deutlich. Ein Surfer, der die Welle »aufreißen»

will, sie in seine Gewalt bringen will und gegen ihre »einheimische« Bewegung surft, wird nur kurz auf dem Board bleiben. Im schlimmsten Fall wird die Welle ihn verschlingen. Gerade beim Surfen ist das »Hindurchsteuern« sehr wichtig, um den Genuß zu erleben, mit der Welle zu gehen. Warten zu können im Line up, bis die richtige Welle kommt, das Timing haben, wann man lospaddeln muß, um den Peak der Welle im richtigen Moment zu erwischen, dann so lange wie möglich »in tube« (im Bauch der Welle) zu bleiben und im richtigen Moment wieder herauszuschießen, wenn die Welle zusammenstürzt. Das geht nur, wenn der Surfer sich der Bewegung der Welle anpaßt. Er surft die Welle, wenn sie am Riff bricht, wenn sie stirbt, und er ist für Momente »Hades« und »Dionysos« zugleich; im Bauch der Welle, in der Unterwelt und über ihr wie ein fliegender Fisch, ein tanzender Dionysos.

»Denn viele sehn das nicht ein, so viele auch daran stoßen; belehrt man sie auch, sie erkennen es nicht – aber sie bilden sich etwas ein.«

Es ist die Hybris der Einbildung, die uns glauben macht, wir könnten den Fluß der Dinge selbst bestimmen oder ihn durch philosophische Begriffe und Kategorien trockenlegen. Was fließt, soll stillstehen. Wo Es ist, soll Ich werden. Werden wird zu »Sein« umgedeutet. Warum ist im europäischen Denken der Stillstand zur dominanten Erkenntnisbedingung geworden? Sind die »stills« und »snapshots« die einzige Bedingung der Möglichkeit von Erkenntnis? Wieso müssen wir den Film erst anhalten, um die Bilder zu sehen? Wo Ich ist, soll Es werden.
In der kleinen Geschichte »Der Kreisel« beschreibt Franz Kafka den Zwang des Philosophen, das Werden zu stören. In der Geschichte spielen Kinder mit einem Kreisel. Sie freuen sich,

wenn sich der Kreisel durch ihre Peitschenschläge immer schneller dreht. Der Philosoph jedoch lauert darauf, ihn zu fangen, um ihn zu erkennen.
»Und immer wenn die Vorbereitungen zum Drehen des Kreisels gemacht wurden«, schreibt Kafka, »hatte er Hoffnung, nun werde es gelingen, und drehte sich der Kreisel, wurde ihm im atemlosen Laufen nach ihm die Hoffnung zur Gewißheit, hielt er aber dann das dumme Holzstück in der Hand, wurde ihm übel, und das Geschrei der Kinder, das er bisher nicht gehört hatte und das ihm jetzt plötzlich in die Ohren fuhr, jagte ihn fort, er taumelte wie ein Kreisel unter einer ungeschickten Peitsche.«
Der Philosoph in der Parabel von Kafka stört nicht nur Fluß und Dreh der Dinge, er unterbricht auch das Spiel der Kinder. Er kann nicht spielen.

»Die Zeit ein Kind – ein Kind beim Brettspiel; ein Kind sitzt auf dem Throne.«

Die Welt ist das Spiel des Feuers mit sich selbst, das Spiel des großen Weltenkindes Zeus. In diesem Spiel ist alles eins und alles mit allem verbunden, dem neuronalen Netz der modernen Hirnforschung vergleichbar. Nach Nietzsche ging der Einsiedler aus Ephesos nicht in die Falle der Metaphysik, er »schied nicht mehr eine physische Welt von einer metaphysischen, ein Reich der bestimmten Qualitäten von einem Reich der undefinierbaren Unbestimmtheit.«
Die Gegensätze, die wir zu erkennen glauben, sind nur Versuche, den Fluß der Dinge ruhigzustellen, der Versuch, wie in Kafkas Parabel aus dem Kreisel ein »dummes Stück Holz« zu machen. Dem Wirken der Wirklichkeit werden ein starres Sein und eine binäre Logik unterstellt.

»Sie verstehen nicht, wie das Unstimmige mit sich übereinstimmt: des Wider-Spännstigen Fügung wie bei Bogen und Leier.«

Sowohl im Erkennen der Wirklichkeit als auch in der Selbsterkenntnis geht es um Haltung. Zu welchem Ethos haben wir den Mut? Springen wir in den Fluß und überlassen uns dem Spiel der Wellen, um das »Hindurchsteuern« zu lernen, oder machen wir am Ufer nur Trockenübungen, die wir nach Belieben »steuern« können?

»In die gleichen Ströme steigen wir und steigen wir nicht; wir sind es und sind es nicht.«

Es ist schwer auszuhalten, wenn sich die Dinge verändern in der äußeren und inneren Welt. Das Belauern unserer inneren und äußeren Wirklichkeit, das Kafka in der Geschichte vom Kreiselspiel der Kinder dem Philosophen zuschreibt, illustriert das angstbesetzte Selbstverhältnis des europäischen Menschen. Wir haben Angst vor uns selbst, und auch in der reflektierten Rückwendung auf uns selbst machen wir schnell aus dem Selbst ein dummes Stück Holz. Wir steigen nicht in den Fluß. Durch theoretische Trockenübungen stellen wir uns vor, daß wir den Prozeß der Selbstbildung durch unser Ich kontrollieren und steuern könnten.

»Wohin springen wir, wenn wir springen?« fragt Heidegger, »springen wir in einen Abgrund? Ja, wenn wir den Sprung nur vorstellen. Nein, wenn wir springen. Das Wesen der Identität ist Eigentum des Ereignisses.«

Wir erschaffen kein Selbst, keine Identität, wenn wir nicht springen, sondern den Sprung nur vorstellen. Die Angst vor dem Sprung gebiert starre Begriffsungeheuer, starre Identitäten und starre Logiken. Und genau diese Vorstellungen verstellen mögliche Identitäts- und Selbstbildungsprozesse. Weil wir glauben, schon Herr im eigenen Hause zu sein, entwickeln wir keine Selbstbeherrschung. Theorie wird nicht zur Praxis, Lehre nicht Leben und Ernst nicht zum Spiel.

»Denn der Mensch spielt nur, wo er in voller Bedeutung des Worts Mensch ist, und er ist nur da ganz Mensch, wo er spielt ... Dieser Satz ... wird ... das ganze Gebäude der ästhetischen Kunst und der noch schwierigern Lebenskunst tragen.« Dieses ferne Echo auf den dunklen Philosophen aus Ephesos ertönt aus den »Aesthischen Briefen« von Schiller. Wann fangen wir an zu spielen, wann werden wir endlich Menschen? Schiller sah darin eine Aufgabe für Jahrhunderte. Im Rückblick auf Heraklit scheint es eine Aufgabe für Jahrtausende zu sein.

»Kinder werfen ihr Spielzeug, da sie Männer werden, fort. Solches Spielzeug ist auch das menschliche Meinen.«

Der dunkle, rätselhafte Seher Heraklit verweist uns immer wieder auf die natürliche Ordnung der Dinge. Alles ist in Fluß. Werden und Vergehen.

Heraklits Vitamine:

Vitamin A: Steig' in den Fluß, bleib' in Fluß, säe und ernte.

Washing Of The Water

River, river, carry me on
Living river carry me on
River, river, carry me on
To the place where I come from

So deep, so wide, will you take me on your back for a ride
If I should fall, would you swallow me deep inside
River, show me how to float, I feel like I'm sinking down
Thought that I could get along

But here in this water, my feet won't touch the ground
I need something to turn myself around

Going away, away toward the sea
River deep, can you lift up and carry me
Oh roll on through the heartland

'Til the sun has left the sky
River, river, carry me high

'Til the washing of the water make it all alright
Let your waters reach me like she reached me tonight

Letting go, it's so hard, the way it's hurting now
To get this love untied
So tough to stay with this thing, 'cos if I follow through
I face what I denied
I'll get those hooks out of me
And I'll take out the hooks that I sunk deep in your side
Kill that fear of emptiness, that loneliness I hide

River, oh river, river running deep
Bring me something that will let me get to sleep

In the washing of the water will you take it all away
Bring me something to take this pain away

(Peter Gabriel)

Vitamin B: Meditiere über Prozesse der Verwandlung.
Stelle dir Metamorphosen vor: die Jahreszeiten zum Beispiel. Das Gelbwerden der Blätter, Abfallen und Wiederergrünen. Das Aufblühen und Verwelken von Pflanzen.

Epikur

Schrebergarten der Seele

Wer glaubt, Philosophieren bestehe darin, ein schlüssiges und in sich geschlossenes Gedankengebäude zu errichten, das so noch niemand gedacht hat, wer glaubt, Philosophieren heiße viel zu lesen, um die Denksysteme originärer Philosophen durchzubuchstabieren und zu verstehen, damit man sie anderen erklären kann, oder wer glaubt, Philosophieren sei zumindest die Aneignung dessen, was Philosophen zu diesem und jenem gesagt haben, der liegt bei Epikur völlig falsch.

»Fliehe, du Argloser, jeglicher Bildung im schnellsten Nachen«, schreibt er an einen Schüler, und in einem seiner Fragmente steht zu lesen:

»Man soll sich nicht den Anschein geben, als treibe man Philosophie, sondern man soll wirklich philosophieren. Es nützt auch nichts, uns den Anschein der Gesundheit zu geben, sondern wir müssen wirklich gesund sein.«

Philosophie ist für Epikur eine Kunst des guten Lebens. Sein Vergleich mit der Medizin kommt nicht von ungefähr. Philosophie, wie Epikur sie praktizierte, ist eine therapeutische Intervention, eine Technik, die »das Leiden der Seele« vertreibt. Das Ziel seiner philosophischen Therapie ist die Freude an sich selbst.

Wanderjahre eines Seelenarztes

Wie kommt Epikur, der in Athen, im Schatten des großen Platon in seinem kleinen Garten saß, zu der Chuzpe, von diesem sogenannten Protophilosophen abzusehen? Warum schätzt er Platon, zu dem die folgende abendländische Philosophie nach Meinung vieler nur noch Fußnoten zu bieten hat, so gering? Mehr noch: Er verachtet ihn. Für Epikur sind Platon und seine Adepten keine Philosophen, sondern Schauspieler der Philosophie. Er nannte sie »Dionysiokolakes«, was zunächst »Schmeichler des Dionysios« bedeutet, »Tyrannenzubehör und Speichellecker« übersetzt der Altphilologe Nietzsche. Außerdem »will es noch sagen ›das sind alles Schauspieler, daran ist nichts Ächtes‹ (denn Dionysokolax, was eine populäre Bezeichnung des Schauspielers war).«

Epikur wurde 341 v. Chr. auf Samos geboren. Schon am ersten Schultag, berichtet Sextus Empiricus, zeigte er ein eigenwilliges Interesse an philosophischen Fragen:

»Am Anfang entstand das Chaos«, sprach der Lehrer zu den Schülern.

»Und woraus entstand es?« fragte Epikur.

»Das können wir nicht wissen: Dies ist eine Frage, mit der sich die Philosophen beschäftigen.«

»Und wieso soll ich dann hier meine Zeit verlieren?« erwiderte Epikur. »Dann gehe ich doch lieber gleich zu den Philosophen.«

Später wird Epikur an einen seiner Schüler schreiben:

> »Wer jung ist, soll nicht zögern, sich mit Philosophie zu beschäftigen, noch soll, wer schon ein Greis ist, in der Beschäftigung mit der Philosophie ermatten; denn niemand ist zu jung oder zu alt, für die Gesundheit seiner Seele zu sorgen. Wer nämlich sagt, die Zeit, sich mit Philosophie zu beschäftigen, sei für ihn noch nicht gekommen oder sie sei schon vorbei, der gleicht einem Menschen, der behauptet, die Zeit, glückselig zu sein, sei für ihn noch nicht da oder nicht mehr da. Darum soll der Jüngling wie der Greis Philosophie treiben, der eine, damit er im Alter noch jung bleibe, im Besitz des Guten, das ihm die Freude an dem

Vergangenen schenkt, der andere, damit er, gleichzeitig jung und alt, furchtlos der Zukunft entgegensehen kann.«

Als er 14 war, schickte ihn sein Vater, von Beruf Lehrer, zu dem samischen Platoniker Pamphilos. Doch dessen idealistische Weltauffassung widersprach seiner auf das Praktische gerichteten Grundhaltung. Er ging noch in die benachbarte ionische Stadt Theos zu einem Schüler des Philosophen Demokrit in die philosophische Lehre, leistete seinen Wehrdienst ab, und dann folgt eine Reihe von Jahren, in denen er unter den schwierigsten materiellen Bedingungen von einem Ort zum anderen zog. Aber diese Jahre scheinen für seine Philosophie prägend gewesen zu sein. Epikur hat dadurch das Leben und die Sorgen verschiedenster Menschen kennengelernt. Er hielt sich nicht im geschützten Raum der Akademie auf, an der das normale Leben vorbeigeht und in der High-class-Philosophie betrieben wird. Er war, wie Diogenes von Sinope auch, ein Mensch der Straße.

Seelenambulanz – alle Kassen

Mit 32 kauft sich Epikur in Athen einen kleinen Garten, gründete mit ein paar Freunden eine Schule und lebte nun Philosophie im Freien, Gartenphilosophie. Er wollte einen Platz der heiteren Ruhe schaffen, an dem man freimütig, unter Freunden, philosophieren konnte. Es war eine bunte Truppe, die sich um ihn versammelt hatte. Sie wurden »jene mit dem Garten« genannt. Seine Schüler und Freunde kamen aus den verschiedensten sozialen Schichten und Altersgruppen: Junge und Alte, Metöken (freie Fremde) und Sklaven, vornehme Athener Bürger und schöne Hetären. Ein angenehm gemischter Diskurs entwickelte sich in seinem Garten.

Schon die Tatsache, daß Frauen und Sklaven für philosophiewürdig gehalten wurden, löste sofort einen Skandal aus. Hinzu kam

der politische Druck der platonischen Sekten. Sie wollten keine Schulen dulden, die Jugendliche von der Politik und Religion abbringen könnten. Aber Epikur ließ sich nicht entmutigen, er wollte eine Seelenambulanz, einen Schrebergarten für die Seele, in den jeder, der sich verändern wollte, kommen konnte. Und vielleicht war auch, neben der völlig anderen Ausrichtung seiner Philosophie, ein wenig Neid im Spiel. Vielleicht mußte Epikur aus Neid auf die smarten Platoniker mit ihrer guten Performance und ihrer schicken Akademie so boshaft Gift gegen sie spritzen. Dafür war er unabhängig vom gesellschaftlichen Status. Während der große Athener Philosoph Platon noch in den »Gesetzen« (Nomoi) Empfehlungen gibt, wie sich die Sklaven am besten unterwerfen lassen und wie man sie vor allem körperlich züchtigt, damit sie nie vergessen, daß sie Sklaven sind, nimmt Epikur Sklaven mit offenen Armen in seinen Garten auf und behandelt sie freundschaftlich. Epikur war an großer Politik nicht interessiert, wollte keine großen Führer führen noch das »billige Lob der Masse ernten«, wie er es ausdrückte. Er wollte lieber »wie ein Orakel verkünden«, was den Menschen dienlich ist, »wenn auch niemand es begreifen sollte, als den Allerweltsmeinungen beistimmen.« Er wollte auch kein philosophischer Star mit Einfluß werden, der sich berufen fühlt, überall mitzureden.
»Lebe im Verborgenen!«, rät er seinen Schülern, und: »Befreien muß man sich aus dem Gefängnis des Alltagsgetriebes und des Staatslebens.« Es ist ihm gelungen, populär zu sein, ohne Kompromisse zu machen. Er hat während seiner philosophischen Wanderschaft und auch später, in seiner Gartenambulanz, in der konkreten Begegnung immer wieder sehen können, daß auch einfache oder gerade einfache Leute an philosophischer Praxis interessiert sind und sich nicht mit Allerweltsmeinungen abspeisen lassen wollen.
Epikurs Philosophie ist theoretisch nicht überladen, sie ist ein-

fach. Er lehnt überflüssiges Wissen ab. Geistige Salchows und intellektuelle Pirouetten sind ihm, was sie sind: eitle Selbstdarstellung und leeres Geschwätz. Sie verändern das Leben der Gedankenartisten keinen Millimeter. Aber genau darum geht es Epikur. Seine Frage ist: Welches philosophische Wissen verändert unsere Lebensweise?

»Leeres Geschwätz ist die Rede jenes Philosophen, durch die keine menschliche Leidenschaft geheilt wird. Wie wir einer Heilkunst nicht bedürfen, die nicht imstande ist, Krankheiten aus dem Körper zu vertreiben, bedürfen wir auch Philosophie nicht, die nicht das Leiden der Seele vertreibt.«

Die vier Heilmittel der Seelenpraxis

Epikurs philosophische Seelenambulanz hat nicht das Problem der richtigen Theorie, sondern das Problem einer Praxis, die es mit übersteuerten Leidenschaften zu tun hat, mit Überidentifikationen, dem Kleben an bestimmten Gewohnheiten oder an hypertrophen Theorien, mit reflexartigen Widerständen und der tiefverwurzelten Angst vor Veränderung der eigenen Lebensweise.

Der Gartenphilosoph hat auch keine Probleme, seine Philosophie in einem schlichten Tetra Pak zu präsentieren. Je einfacher und einprägsamer, um so besser. Die eigentliche Arbeit an sich selbst liegt eben nicht in der elaborierten Theoriebildung und im Anhäufen von Erkenntniswissen. Sie besteht in der Umsetzung und Einübung des Denkens.

»Die vier Heilmittel.
Immer sollen dir die vier Heilmittel zur Hand sein:
Vor der Gottheit brauchen wir keine Angst zu haben.
Der Tod bedeutet Empfindungslosigkeit.

Das Gute ist leicht zu beschaffen.
Das Schlimme ist leicht zu ertragen.«

Diese Philosophie versteht jeder. Man kann sie wie ein Gedicht auswendig lernen, um sie inwendig zu haben und damit zum Dichter des Lebens werden, so wie Gilles Deleuze es 2300 Jahre später formuliert hat: »Es gibt nichts zu verstehen, es geht darum, etwas damit zu machen.«

»Vor der Gottheit brauchen wir keine Angst zu haben.«

Diogenes von Sinope hat es gezeigt: Zeus ist dazu da, uns frecher zu machen. Er ist eine Stütze, um unabhängig von den Meinungen anderer den eigenen Lebensstil zu entwickeln. Die Gottheit ist kein innerer Richter, der uns mit schlechtem Gewissen plagt. Er ist eher wie ein guter Seelenführer, der unsere Fehler im Denken und Handeln zwar registriert, aber nicht zensiert und verdammt. Zeus ist kein Krankengott, der uns in die Zerknirschung treibt, uns brav hält und dann mit der Aussicht tröstet, daß wir später in den Himmel kommen. Nieder mit dem Gott Angst!
Natürlich fallen unter das epikureische Diktum auch profane Götter. Zum Beispiel selbsternannte, wie jene Möchtegernphilosophen, die uns durch ihre aufgeblasenen Theorien und angelernte Eloquenz einschüchtern wollen.

»Der Tod bedeutet Empfindungslosigkeit.«

Das ist eine wichtige Übung der epikureischen Praxis:
Sich immer wieder vorzustellen, daß der Tod ein Nichts ist, »denn was der Auflösung anheimgefallen ist«, sagt Epikur, »besitzt keine Empfindung mehr, was aber keine Empfindung mehr hat, bedeutet für uns nichts mehr.«

Das Schlimmste ist doch, im Moment des Todes zu spüren: Man hat nicht gelebt. Deshalb rät Epikur seinen Schülern, sich immer wieder vorzustellen, der aktuelle Tag sei der letzte, oder ein Tag sei wie das ganze Leben. Es sind keine Spekulationen über das Wesen des Todes oder das Leben danach, sondern Übungen, die unser Leben gemäß unseren »natürlichen Anlagen« intensivieren. Gut leben heißt an dem Punkt für Epikur, ohne unnötige Ängste zu leben. Die Übungen sollen uns von den Ängsten der Vorstellungen, von imaginierten Ängsten befreien.

»Das Gute ist leicht zu beschaffen.«

Man braucht eigentlich nicht viel zum guten Leben, erinnert uns Epikur. In seinem Fall waren es ein kleiner Garten und ein paar Freunde, mit denen zusammen er sich ständig darin übt, ein Klima der heiteren Freude zu schaffen, sich dabei freundschaftlich korrigiert und durch das Beispiel animiert. Für Epikur, darin ist er entschieden antiplatonisch, ist die »Stimme des Fleisches« das Entscheidende:

»Die Stimme des Fleisches spricht: Nicht hungern, nicht dürsten, nicht frieren. Wer das besitzt oder darauf hoffen darf, der könnte sogar mit Zeus an Glückseligkeit wetteifern.«

Man braucht etwas zu essen und muß warm wohnen, dann kann sich auch das »bessere Selbst« regen. Aber die wenigsten sind damit zufrieden. Hier beginnt für Epikur die philosophische Therapie, das »Heilen der Leidenschaften«.

Es sind Übungen des Sondierens, die er vorschlägt. Seine Basis ist hedonistisch und einfach, er verbindet Bescheidenheit mit Genuß: »Anfang und Wurzel alles Guten ist die Freude des Magens; selbst Weisheit und alles, was noch über sie hinausgeht, steht in Beziehung zu ihr.«

Die Seele ist nicht getrennt vom Fleisch und der »Freude des

Magens«. Mit Freude, Lust und Schmerz, mit den Leidenschaften ist immer auch das Bewußtsein verbunden. Lust und Leiden gibt es nicht ohne Beteiligung des Bewußtseins, und der Bewußtseinszustand wirkt immer auch zurück auf das »Fleisch«. Deswegen ist die platonische Theorie der Liebe zum Guten als einer Idee für Epikur eine Illusion. Solche Theorien sind vielleicht schön und gut, aber gehören zu dem geistigen Luxus, der nicht unbedingt sein muß. Solche Theorien verdoppeln die Welt, erheben alles Irdische in einen Ideenhimmel, ändern für Epikur aber nichts an den Leidenschaften.

Erkenne deine Leidenschaften

Die Leidenschaften wiederum sind für ihn geprägt durch Wünsche und Vorstellungen. Epikur unterscheidet dreierlei Arten von Wünschen: natürliche und notwendige, natürliche und nicht notwendige, nicht natürliche und nicht notwendige.
Natürliche und notwendige Wünsche und Bedürfnisse sind die, die das Überleben sichern: essen, trinken, schlafen und sich warm anziehen, wenn es kalt ist. Essen natürlich, bis man satt ist, trinken, um seinen Durst zu löschen, und eine der Jahreszeit entsprechende Kleidung. Ein Pelzmantel in Palermo würde nicht unbedingt ins Bild passen.
Die natürlichen und nicht notwendigen Wünsche und Freuden sind jene, die den Sinnen zwar angenehm sind, aber nicht »natürlich-notwendig«: oft teuer essen gehen; Armani, Gucci, Kenzo oder Yamamoto tragen ist zwar nicht verwerflich, aber wenn man sich dafür ständig krummlegen muß, soll man es lassen.
Dasselbe gilt für die »nicht natürlichen und nicht notwendigen« Wünsche und Begierden. Einen Jaguar fahren und Rolex tragen ist auch nicht verwerflich, aber noch weniger notwendig. Die »natürlich-nicht-notwendigen« und die »nicht-natürlich-und-

nicht-notwendigen« Bedürfnisse haben wir zum größten Teil deshalb, weil sie durch die mit ihnen verbundenen Güter in den Augen anderer Wert und Prestige haben.

An der Stelle setzt Epikurs Seelenführung wieder ein. Er ruft uns ständig dazu auf, zu prüfen, ob wir etwas wirklich brauchen oder nur deshalb, weil andere das auch gut finden. Das bedeutet, eine innere Bewegung zu machen und aus dem Blick der anderen herauszutreten. Diese innere Bewegung kann unsere Lebensweise verändern. Es ist eine ständige Übung des Sondierens und des Trennens der eigenen Wünsche von fremden: Ist das vorteilhaft für mich? Brauche ich das wirklich? Das Bewußtsein der Unterscheidung von »vorteilhaft oder nicht« wirkt so ständig zurück auf die Lüste des Fleisches. Nichts daran ist für Epikur unmoralisch oder gar sündhaft. Das sind spätere, christliche Kategorien. Ihm geht es nur darum, daß wir uns fragen, ob der Besitz notwendig ist und uns Freude macht oder ob er nicht unbedingt notwendig ist und der Erwerb bestimmter Dinge zudem so anstrengend, daß wir den Besitz gar nicht mehr genießen können. Nach dem Motto: endlich oben angelangt auf der Karriereleiter, aber innerlich völlig runtergekommen durch die große Anstrengung dorthin zu gelangen.

Auch was den Sex betrifft, reagiert Epikur sehr entspannt. Eine Frau oder einen Mann »klarmachen« und dabei Selbstverleugnungspirouetten zu drehen oder ständig verletzt zu werden, das wiegt der Kick beim Sex nicht auf. Ansonsten gilt für Epikur: Alles geht, wenn dabei das zum Leben Notwendige nicht verbraucht wird.

Lust und Seelenruhe

Alles ist gut, was uns Freude und Lust bereitet, denn »dafür, daß die Freude das höchste Ziel unseres Lebens ist, liegt der Beweis darin, daß die lebenden Wesen von Geburt an daran Gefallen finden, dagegen dem Schmerz naturgemäß und unbewußt sich widersetzen. Aufgrund unserer Erfahrung fliehen wir vor dem Schmerz.« Wenn uns »das Wahre, Gute und Schöne« keine Freude verschafft, dann sollen wir uns nicht weiter darum kümmern. Auf dieser Lustbasis zu philosophieren, durch Übungen seine Leidenschaften so zu pegeln, daß Freude an sich selbst dabei herauskommt, das ist für Epikur »wahre Philosophie«. Ihr Ziel, »die heitere Ruhe«, ist in Ansätzen schon auf dem Weg dahin zu erfahren.

> »Bei sonstigen Betätigungen stellt sich die Frucht mühsam ein, wenn sie zum Abschluß gekommen sind; bei der Philosophie hält die Freude mit der Erkenntnis gleichen Schritt, denn der Genuß folgt nicht auf das Lernen, sondern das Lernen ist zugleich Genuß.«

Man kann sich diesen »Gartengott«, so Nietzsche, gut vorstellen in der zusammengewürfelten Gesellschaft seiner Schüler und auch seine Freude an der gemeinsamen Veränderung.

»Wir müssen gleichzeitig lachen und philosophieren, unser Haus verwalten und alle übrigen Fähigkeiten, dabei niemals davon ablassen, die Stimme der wahren Philosophie zu hören.«

Seiner Seelenambulanz, seiner heiteren, edel-bescheidenen Lebensgemeinschaft im Garten scheint das Kunststück einer Lebensform gelungen zu sein, in der sich die tiefe Angst, die wir vor Veränderung haben, in Freude umwandelt. Epikur ist ein Beispiel dafür, wie Lehre und Leben sich verbinden können, und auch dafür, daß es Momente gibt, in denen das Glück der inneren »Meeresstille« erfahren werden kann. In solchen Momenten muß er ganz milde gewesen sein und konnte dann die philosophischen »Götter der Akademie« neben sich achten.

Die Freude hat ihn auch nicht bei seinem Tod verlassen. An seinen Schüler Idomeneus schreibt er:

»An diesem wahrhaft glücklichen Tag meines Lebens schreibe ich euch dies: Schmerzen durch Harnzwang und Ruhr folgen einander; sie haben eine solche Stärke erreicht, daß sie sich nicht mehr steigern können. All diesen Schmerz aber wiegt auf die Freude in meinem Herzen in der Erinnerung an die Unterredungen, die wir miteinander geführt haben. Du aber sorge für die Kinder des Metrodoros so treu, wie du seit deiner Jugend zu mir und der Philosophie gestanden hast.«

Auch den vierten Teil seines philosophischen Tetra Pak hat Epikur seinen Schülern vorgelebt.

»Das Schlimme ist leicht zu ertragen.«

Am Ende hat er nach einem warmen Bad und Wein verlangt. Im heißen Wasser, weintrinkend, redete er mit seinen Freunden und Schülern, bis er starb. Er jammte noch einmal seine Philosophie, so wie Warren Zevon, der wußte, daß er unheilbar krank war, und seine Freunde – Bruce Springsteen, Ry Cooder, Jackson Browne, Emmylou Harris, David Lindley – zum letzten Mal ins Studio bat, um diesen Song aufzunehmen:

»Shadows are falling,
and I'm running out of breath
Keep me in your heart for a while

If I leave you it doesn't mean
I love you any less
Keep me in your heart for a while

When you get up in the morning
and you see the crazy sun
Keep me in your heart for a while (...)

Sometimes when you're doing simple things
around the house
Maybe you think of me and smile
You know I'm tied to you like the buttons on your blouse
Keep me in your heart for a while

Hold me in your thoughts,
take me to your dreams
touch me as I fall into view
when the winter comes keep the fires lit
And I will be right next to you«

Epikurs Vitamine:

Vitamin A: Fürchte den Tod nicht, aber übe dich darin, an ihn zu denken!
Der römische Stoiker Seneca fügte hinzu: »Wer das sagt, heißt, sich in Gedanken an die Freiheit zu üben, denn wer zu sterben gelernt hat, hat verlernt, ein Sklave zu sein.«
Durch das Vorausbedenken des Todes als ein notwendiges Ereignis, das wir allerdings gar nicht empfinden, verliert dieser seinen Schrecken und seine Macht über uns.
Epikur empfahl dafür die »Übung des letzten Tages«:
Man soll das ganze Leben auffassen, als sei es ein langer Tag, und umgekehrt jeden Tag, als sei er ein ganzes Leben und damit der letzte Tag. Jeder Tag beginnt mit dem Morgen als Kindheit, bringt den Mittag als Reife und den Abend des Alters. Der Tag wird zum Strukturmodell des Lebens. Jede Stunde soll man bewußt als Lebensalter erleben, um sich am Ende des Tages zu sagen: »Ja, ich habe gelebt und den Lauf des Schicksals vollendet.« (Seneca, Briefe an Lucilius)

Vitamin B: Lust ist Freiheit, flieh den Schmerz!
Epikur sah in der zukünftigen Vorstellung und in der Erinne-

rung an größtmöglichen Genuß die beste Übung. Ruf' dir stets deine schönsten Stunden, die du erlebt hast, in Erinnerung, und male dir die Zukunft als frei von allem Schmerz aus.

Vitamin C: Erkenne deine Bedürfnisse!
Prüfe, inwieweit deine Bedürfnisse wirklich aus dir kommen oder ob du bestimmte Dinge nur willst, weil sie bei anderen so ein hohes Prestige haben. Bei jedem Bedürfnis sich fragen: Brauche ich das wirklich? Ist es vorteilhaft für mich? Tut es mir gut? Oder brauche ich das nur für die anderen?

Michel de Montaigne

Flicken und Fetzen

Am liebsten denkt er zu Pferde und läßt sich treiben, wohin ihn sein Pferd trägt. Michel de Montaigne reitet und denkt oft ohne Zügel. Er spürt seinen Gedanken nach, folgt ihnen assoziativ, ohne Drill und Dressur. Seine »Essais« sind, was sie sind: Versuche, sich selbst zu erkennen und sich selbst zu formen.

Schreiben des Selbst

Im Schreiben registriert er seine Einfälle. Schreiben und Registrieren haben nur ein Ziel: richtig leben. Er schreibt nicht für die Öffentlichkeit, er schreibt sich selbst auf. Sein »Selbst-Buch« ist ein Experiment, von dem er weiß, daß es »das einzige Buch seiner Art auf der Welt ist«, in dessen Verlauf sich der Untersuchungsgegenstand und der Experimentator verändern werden. »Ich habe mein Buch nicht mehr gemacht, als mein Buch mich gemacht hat.«

Montaigne entwickelt im Labor seiner Schreibversuche ein Aufschreibsystem des Selbst, mit dem auch andere gerade deswegen etwas machen können, weil es nicht für sie geschrieben ist. Wer sein eigener Freund ist, ist auch der aller anderen. Das hat Montaigne gelernt von den Philosophen der römischen Antike: Sich selbst aufschreiben ist eine Übung der Selbstkultivierung. Auch Philosophie ist eine Kultur des Selbst und kein akademisches Gedankenturnen, auch kein narzißtisches Kreisen um sich selbst, das Leerstellen des Lebens mit abstrakten Gedanken füllt, sondern konkrete Lebenskunst.

Montaigne war der Vater von sechs Töchtern, eine blieb nach

der Geburt am Leben. Als Kind seiner Zeit wurde er Zeuge grausamer Religionsschlachten, er erlebte acht Hugenottenkriege und überlebte die Pest. An einem bestimmten Punkt seines Lebens, kurz nach dem Tod seiner ersten Tochter und vor dem Blutbad der Bartholomäusnacht, wollte Montaigne nur noch, wie Heraklit, sich selber nachforschen. Jahrelang diente er als Parlamentsrat, später als amtsadeliger Bürgermeister im Rathaus von Bordeaux, doch auf dem Höhepunkt seiner Karriere, verkauft er sein Amt und läßt an dem Turm seines Schlößchens dieses Schild anbringen:

> »Im Jahre Christi 1571, am letzten Tag des Februar, seinem Geburtstage, hat sich Michel de Montaigne, im Alter von 38 Jahren, seit langem des Dienstes im Parlament und der öffentlichen Pflichten müde, noch in voller Lebenskraft in den Schoß der gelehrten Musen zurückgezogen, wo er in Ruhe und Sicherheit die Tage verbringen wird, die ihm zu leben bleiben. Gestatte ihm das Schicksal, diesen Ort der süßen Weltflucht seiner Ahnen zu vollenden, den er seiner Freiheit, seiner Ruhe und seiner Muße geweiht hat.«

Endlich will er sich nicht mehr über die Selbstzufriedenheit und Bestechlichkeit seiner Kollegen, über die Ämterkäuflichkeit und die hohen Kosten der Gerechtigkeit aufregen, er will sich nur noch um sich selbst kümmern. Er macht eine radikale Konversion und wendet sich auf sich selbst zurück. Er will sich ein genaues Bild machen: Wo stehe ich innerlich nach so vielen Jahren Amtsgeschäften, und wohin kann ich mich noch entwickeln?

When I paint my masterpiece ...

Wie ein Künstler will er im Denken sein Selbst-Porträt malen. »Das Verfahren eines Malers, der für mich arbeitet, hat mir Lust gemacht, ihn nachzuahmen.«

Es geht um die Ästhetik seiner Existenz. Und er ist nicht zimperlich. Jede Regung der Seele, jede Bewegung seines Körpers ist ihm wichtig, darf zur Farbe werden auf der Leinwand seines Bewußtseins. Alles, auch Eitelkeiten, Peinliches und Trauriges soll unzensiert wahrgenommen werden. Es gibt nur eine Voraussetzung und Regel dabei: Mut zum Alleinsein und Aufrichtigkeit.

Er macht sich von allem los, auch von sich selbst:

»Es schien mir, ich könnte meinem Geist keinen größeren Gefallen tun, als ihm zu gestatten, sich in voller Muße mit sich selbst zu unterhalten, in sich zu bleiben und zu ruhen; was ihm, wie ich hoffte, von nun an leichter fallen würde, da er mit der Zeit gesetzter und reifer geworden ist. Aber der Geist benimmt sich wie ein durchgegangenes Pferd, und er gebiert mir immer wieder und ohne Unterbrechung so viele Traumgestalten und phantastische Ungeheuer«, notiert er in den »Essais« beim Experiment seiner Selbstbeobachtung.

Die Gedanken gehen durch, tanzen ihren eigenen dionysischen Tanz. Doch gerade im Wirbel und Kreisen der Gedanken zeigen sich für Montaigne kreative Kräfte, die der distanzierten Perspektive entgehen.

Dodging lions and wastin' time
Oh, those mighty kings of the jungle
I could hardly stand to see 'em

Das Schreiben schult seine Erinnerung. Er schreibt sich wichtige Merksprüche seiner antiken Vorgänger in der Selbstsorge auf, Maximen und Sentenzen von Heraklit, Seneca, Marc Aurel, Epikur, Epiktet und Sokrates. Er will sie im Gedächtnis behalten und so lange wiederholen, bis sie sich in seine Lebensweise transformieren. Sein durch die Amtsgeschäfte modelliertes Ich

löst sich nach und auf. Montaigne nimmt die Maske des Amtsadligen ab:
»Wir sind alle aus lauter Flicken und Fetzen und so kunterbunt und unförmlich zusammengestückt, daß jeder Lappen jeden Augenblick sein eigenes Spiel treibt. Und wir und unser Urteil und alle sterblichen Dinge fließen unaufhörlich dahin«, schreibt er sich in das Buch seiner Selbstsorge. Er steigt in den gleichen Fluß wie Heraklit, um ein anderer zu werden.

Yes, it sure has been a long, hard climb
Train wheels runnin' through the back of my memory
When I ran on the hilltop following a pack of wild geese
Someday, everything is gonna be smooth like a rhapsody
When I paint my masterpiece ...

(Bob Dylan)

Montaignes Vitamine:

Vitamin A: »Sei kein Narr der anderen, tue das Deine, und erkenne dich selbst!«

Vitamin B: Schreib dich auf, erinnere dich, schule und gestalte dich in der Schrift, führe ein Tagebuch.

Vitamin C: Verwachse mit dem Wissen!
Schreiben und Lesen sind als Mnemotechniken wichtige Übungen der Selbstsorge. Das Schreiben ist dabei die meditative Übungsfortsetzung des Lesens. Indem wir wechselweise lesen und schreiben, machen wir das Gelesene zum Assimilierten, zu einem Ganzen, zu einem »corpus«, wie die römischen Philosophen es nannten. Schreib dir Merksätze auf, z. B. von Montaigne! Wir werden im Schreiben und wiederholenden Lesen physisch mit der Wahrheit und Lebensweisheit dieser Maximen verbunden; die Notizen, die wir beim Lesen, nach Gesprächen etc. machen, haben wir dann griffbereit. Sie regelmäßig zu memorieren und selbst laut zu lesen bedeutet, sie sich einzuverleiben!

Arthur Schopenhauer

Die heitere Göttin Gegenwart

Sein Hauptwerk »Die Welt als Wille und Vorstellung« endet mit dem »Nichts«. Nichts bleibt am Ende von der Welt. Weder dem Heiligen, der den Willen in sich verneint hat, noch dem Lebensgierigen, den der Wille beherrscht. Beiden zerfließt die Welt ins leere Nichts. Dem einen willentlich, dem anderen wider Willen. Wer nichts mehr will, der braucht von der Welt nichts mehr, wer noch will, dem zerrinnen die Wünsche ins Nichts. Denn auch die »Satisfaktion«, wie Schopenhauer sagt, die Befriedigung der Wünsche, ist nie von Dauer.

Es scheint, als hätte der alte Griesgram beim Abfassen des zweiten Kapitels seines Hauptwerkes (»Die Welt als Wille«) neben Rossini, seinem Lieblingsmusiker, immer wieder die Stones gehört: »I can't get no satisfaction. And I try and I try ...«.

Buddha aus Frankfurt

Schopenhauer, der europäische Buddha, schaut am Ende seines Hauptwerkes durch ein kosmisches Auge, gleichsam von einer Raumstation, auf die Erde zurück und situiert diese als ein kleines Gestirn in der Unendlichkeit von Universen. Mit gelassener Klarheit führt Schopenhauer jedem sehnsüchtig in uns schlummernden Optimismus vor, was der Fall ist. Jeder Optimismus, der diese Perspektive außen vor läßt, ist für den Kaufmannssohn »eine ruchlose Denkungsart ... ein bitterer Hohn auf die namlosen Leiden der Menschheit«.

Wie die Kinder das Finstere fürchten, versuchen wir, so Schopenhauer, immer wieder diese finstere Perspektive des Nichts zu verscheuchen. Wir glauben, daß unsere Wünsche letztlich doch befriedigt werden, und füllen Nirwana mit Positivem. »Sie treiben vorwärts, mit vielem Ernst, ja mit wichtiger Miene: so treiben die Kinder ihr Spiel.« Kinder müssen sich als Mittelpunkt der Welt empfinden und ihr Spiel damit treiben, Erwachsene überfordern sich und andere damit. Ist bei Kindern die wichtige Miene noch charmant, wirkt sie beim Erwachsenen albern. »So jagen sie Wunsch und Not des Unbefriedigtseins durchs Leben, ohne sie zur Besinnung kommen zu lassen. Denn unermüdlich streben wir«, läßt uns Schopenhauer weiter wissen, »von Wunsch zu Wunsch, und wenngleich jede erlangte Befriedigung, soviel sie auch verhieß, uns doch nicht befriedigt, sondern meistens bald als beschämender Irrthum dasteht, sehen wir doch nicht ein, dass wir mit dem Faß der Danaiden schöpfen; sondern eilen zu immer neuen Wünschen.«

Schopenhauer gibt uns eine Lektion in Selbst- und Weltdesinteressierung. Gegen den ständigen Wunsch- und Willensstreß im Leben rät er zur Gelassenheit. Auch wenn die Welt »Nichts« ist, folgt daraus nicht der Selbstmord. Denn den finsteren kühlen Orkus als Hafen der Ruhe sich vorzustellen ist nach Schopenhauer ebenso »thöricht« wie »vergeblich«. Wir können nicht wissen, was uns erwartet.

Das einzige, was wir haben, ist die Gegenwart. Und wem die Gegenwart entgeht, dem entgeht das ganze Leben. Der Denker des Nichts buchstabiert sie für uns durch, die zahlreichen Facetten der Gegenwartsverfehlung: Da sind die, die nie mit dem zufrieden sind, was sie vor sich haben, immer etwas ganz Entferntes wünschen und wenn das Gewünschte sich einstellt, dann wieder das zurückwünschen, was sie davor hatten. Sie schnappen, wie Tantalus nach Früchten und Wasser, ständig nur nach Zukunft und Vergangenheit. Oder die, die immer nur nachträglich, durch Reflexion, die Dinge erkennen und erst hinterher wissen, was zu tun und zu lassen ist, nie aber den Entschluß fassen, den die Gelegenheit fordert. Sie leben wie Nachteulen, die nur in der Dämmerung fliegen. Oder die, die immer erst das verlieren müssen, was sie haben, um es schätzen zu lernen. Die tragischen Verlierer und Wegwerfer wider Willen. Oder die Schlauschlauen, die über alles die richtigsten Gedanken haben und nicht nur anderen, sondern auch sich selbst den besten Rat geben können, aber über das, was ihnen vor Augen liegt, nichts zu denken, zu sagen und zu tun wissen. Denen allen ist, so Schopenhauer, »die Gegenwart – die heitre leichte Göttin des sterblichen Lebens, der Mond, der in der Zeitlichkeit leuchtet, weil die Sonne Ewigkeit nicht da ist, von der er doch die Strahlen zu Lehn trägt – verloren! Er träumt, murrt, genießt nicht und ist nicht zu genießen. Wen ich meyne, der merkt mich«, fügt er hinzu.

Der deutsche Buddha, der in Frankfurt am Main mit seinem Pudel, genannt »Atman« – im Sanskrit die individuelle Seele, die mit dem Göttlichen, dem »Brahman«, verbunden ist –, spazieren geht, denkt konsequent den einen Gedanken: Alles ist nichts! Nirwana! Und vielleicht hat der Pudel »Atman«, mit dem er beim Spazierengehen philosophische Zwiegespräche führt, ihm auch den Satz zugeknurrt, den Schopenhauer nicht müde wird zu wiederholen: »Jeder grosse Denker hat nur einen Gedanken. Nur Plattköpfe haben viele Gedanken!« Schopenhauer denkt das Nichts. Das heißt: Wir haben keine Chance, also nutzen wir sie!

Der Schleier der Maja

Wir haben keine Chance, die Dinge, wie sie wirklich sind, zu erkennen. Das ist das Thema des ersten Kapitels der »Welt als Wille und Vorstellung«. Das Ding an sich, wie die philosophische Fachsprache seit Kant dies nennt, bleibt uns für immer verschlossen. Wir haben die Welt nur in unserer Vorstellung. Wir sehen die Welt durch eine 3-D-Brille: in Raum, Zeit und Kausalität. Wir alle tragen diese Brille und können sie nicht abnehmen. Schopenhauer, einer der ersten Philosophen in Deutschland, der das indische Denken produktiv aufnahm, vergleicht den Effekt dieser Brille mit dem indischen Schleier der Maja:

> »Es ist die Maja, der Schleier des Truges, welcher die Augen der Sterblichen umhüllt und sie eine Welt sehen läßt, von der man weder sagen kann, sie sei, noch auch, daß sie nicht sei: denn sie gleicht dem Traume, gleich dem Sonnenglanz auf dem Sande, welchen der Wanderer von Ferne für ein Wasser hält, oder auch dem hingeworfenen Strick, den er für eine Schlange ansieht.«

Die Welt ist Vorstellung, indisch ausgedrückt Maja, Traum und Trug. Das kann uns philosophisch bis zur Relativitätstheorie Einsteins, der Heisenbergschen Unschärferelation und dem Konstruktivismus ins Grübeln bringen; lebenspraktisch verweist uns Schopenhauer auch hier wieder auf die Gegenwart. Auch wenn die Welt Maja ist, funktioniert diese Maja dennoch nach Gesetzen von Ursache und Wirkung. Wir tun gut daran, nach Schopenhauer, das zu berücksichtigen. Kluges Sichbewegen in diesem Kopfkino braucht Schärfe des Verstandes im Auffassen von Kausalitäten. »Jene Schärfe des Verstandes im Auffassen der kausalen Beziehungen der mittelbar erkannten Objekte findet ihre Anwendung nicht allein in der Naturwissenschaft (deren sämtliche Entdeckungen ihr zu verdanken sind); sondern auch im praktischen Leben, wo sie Klugheit heißt.« Dummheit ist eben der Mangel an Verstand, die Stumpfheit in der Anwendung des Gesetzes der Kausalität, die Unfähigkeit zur unmittelbaren Auffassung der Verkettungen von Ursache und Wirkung, Motiv und Handlung. Ein Dummer sieht nicht den Zusammenhang der Naturerscheinungen, deshalb glaubt er

gern an Zauberei und Wunder. Er läßt sich leicht ein X für ein U vormachen.
Schopenhauer, der von seinem Vater als 17jähriger vor die Alternative gestellt wird, eine lange Geschäftsreise mit ihm durch Europa zu machen oder Latein und Griechisch zu lernen, und sich für die Reise entscheidet, wendet später als gestandener Philosoph seine philosophische Theorie immer wieder zurück auf das Lebenspraktische. Er weiß aus Erfahrung, wovon er redet. Das ist das Überraschende an dem Kaufmannssohn. Auch wenn die Welt für die Erkenntnis »Nichts« ist, Lug und Trug, eben Maja, sind wir Teil des Spiels. Auch wenn wir die Dinge, wie sie wirklich sind, nicht erkennen können, müssen wir mit ihnen leben. Dabei ist es klug, ihre Art zu funktionieren zu studieren, die Dramaturgie des Kopfkinos zu verstehen, um nicht irgendeiner Windbeutelei auf den Leim zu gehen. Ein Dummer läßt sich leicht mystifizieren, merkt nicht die verheimlichten Motive bestimmter Ratschläge und ausgesprochener Urteile. Vor allem aber warnt uns seine Maja-Theorie vor Absolutheitsansprüchen, Wahrheitsfanatismen und Haltungen, die vorgeben, die Dinge, wie sie an sich sind, erkannt zu haben. Das Nichts entspannt uns von all diesen Unbedingtheitsgesten. Egal ob politisch, religiös oder philosophisch.
Die Lektüre Schopenhauers schärft ständig unsere Sensibilität für diesen Unbedingtheitsgestus und die schon zitierten wichtigen Mienen.
Es gibt nicht die große Wahrheit – aber kleine lebenspraktische Wahrheiten. Sie blitzen immer wieder auf beim Denken des Nichts, und Schopenhauer hat sie versammelt in seiner Schrift »Aphorismen zur Lebensweisheit«.

Die drei Güter des Lebens

Mit der Hintergrundstrahlung seines Hauptwerkes »Die Welt als Wille und Vorstellung« gibt Schopenhauer uns Tips in der »Kunst, das Leben möglichst angenehm und glücklich durchzuführen«. Sie können, gemäß seiner Theorie, nur relativ sein. Eben kleine Wahrheiten. Keinem allgemeinen Moralprinzip und keinem unbedingten Sollen, auch keinem Gesetz für die Freiheit will er das Wort reden. »Denn so redet man zu Kindern und Völkern in ihrer Kindheit, nicht aber zu denen, welche die ganze Bildung einer mündig gewordenen Zeit sich angeeignet haben.« Jede Art von »Wollen-Soll« ist ihm ein »hölzernes Eisen«, jedes Absolutum eine »zugedeckte, leere Schüssel«, die er nicht auftischen will. Er will beschreiben, nicht vorschreiben. Er will das Vorhandene deuten und erklären und ein Gefühl, das jedem verständlich und zugänglich ist, in klare Begriffe fassen.
Der Lebenskünstler Schopenhauer, der durch eine kleine, zum Leben ausreichende Erbschaft völlig unabhängig nachdenken und seine Erfahrungen machen konnte, teilt die »Güter des Lebens« in drei Klassen ein: die äußeren, die seelischen und die leiblichen. Innerhalb dieser Dreiteilung der Lebenskunst ist es wichtig, was einer ist, was einer hat und was einer vorstellt.

Was einer vorstellt

Was einer vorstellt, zerfällt für ihn in »Ehre, Rang und Ruhm«, wir würden heute Sozialprestige oder gesellschaftliche Stellung dazu sagen. Es ist im Grunde das, was andere über uns denken, die »kümmerlichste Ressource« der Lebenskunst, so Schopenhauer. Das »qu'en dira-t-on«, »was andere über uns sagen«, über das Leben zu stellen ist für die Schopenhauersche Lebenskunst der größte Fauxpas. Unter dem Druck anderer, in rastloser

Anstrengung Ämter, Titel und Orden anzuhäufen, Karriere, egal ob in Wissenschaft, Kunst oder sonstwo zu machen, um wiederum die Quote der anderen zu bekommen, ist aus der Perspektive seiner Lebenskunst ein »allgemein vorherrschender Irrwahn«. Wahn deshalb, weil diese »kümmerliche Ressource« von kurzlebigen Konjunkturen abhängt, die Augen des »großen Haufens« oft das Beste nicht blicken und der Koabhängige sich über kurz oder lang nur noch zu dem gezwungen sieht, was die anderen von ihm erwarten. Für Schopenhauer bietet dieser Wahn denen eine bequeme Handhabe, die Menschen beherrschen und lenken wollen, »weshalb in jeder Menschendressierungskunst die Weisung, das Ehrgefühl rege zu erhalten und zu schärfen, eine Hauptsache einnimmt.« Der Blick der anderen kann zur Erwartungshölle werden, obwohl mit einigem Abstand jedem klar sein müßte, daß es sich um einen konventionellen, einen simulierten Wert handelt. »Seine Wirkung ist eine simulierte Hochachtung, und das Ganze eine Komödie für den großen Haufen.«

Der vom Blick der anderen Abhängige gleicht einem Wahrnehmungsgestörten, dem Schopenhauer in einer Klinik begegnete, der zwar Vernunft hatte, der »sprach und vernahm, aber an Verstand manchem Tiere nachstand: denn er betrachtete, so oft ich kam, ein Brillenglas, das ich am Halse trug und in welchem, durch die Spiegelung, die Fenster des Zimmers und Baumgipfel hinter diesen erschienen: darüber hatte er jedes mal große Verwunderung und Freude, und wurde nicht müde, es mit Erstaunen anzusehen; weil er diese ganz unmittelbare Kausalität der Spiegelung nicht verstand.«

Was einer vorstellt, also im Spiegel des »großen Haufens« tut, das ist es nicht! Schopenhauer faßt diese Sphäre der Repräsention in einem frühen Manuskript eindringlich in einem Bild zusammen:

»Die meisten Menschen thun alles Andre lieber als Denken und Ueberlegen: um nun doch dabei handeln zu können ohne viel Strafe zu erleben, ist ihre beliebte Maxime nur immer zu thun wie alle Andern: so gleichen sie einer Gesellschaft die im Kreise sich Eins dem Andern auf den Schoos gesetzt hat, während Keiner auf einem Stuhl sitzt. Sehe ich ein Heerde Gänse oder Schöpsen (Hammel), wie immer jedes seinem Vordermann nachgeht unbekümmert wohin, so glaube ich auch immer durch ihr Kreischen und Blöken hindurch die mit Emphase gesprochenen Worte zu vernehmen: ›Ausschließen werde ich mich nicht!‹«

Was einer hat

Was einer hat, kann Schopenhauer verhältnismäßig schnell abhandeln. Dazu gehören erstens: Essen und Trinken, dieses »notwendige« Bedürfnis müssen wir befriedigen. Zweitens: Sex. »Dieses (natürliche, aber nicht notwendige) Bedürfnis zu befriedigen fällt schon schwerer«, meint der philosophische Junggeselle mit gelegentlichen Affären. Und drittens die weder notwendigen noch natürlichen Bedürfnisse, die des »Luxus, der Üppigkeit, des Prunkes und Glanzes: sie sind endlos und ihre Befriedigung ist sehr schwer«. In der Sphäre »was einer hat« gibt es ein Gut: Geld. Denn es dient nicht nur einem Bedürfnis, wie »Speisen für den Hunger, Wein für den Gesunden, Arznei für den Kranken, ein Pelz für den Winter oder Weiber für die Jugend«, sondern dem Bedürfnis überhaupt. Geld ist ein »unermüdlicher Proteus«, jeden Augenblick bereit, sich in das Objekt unserer so wandelbaren Wünsche und komplexen Bedürfnisse zu verwandeln. Mit Geld kann man sich fast alles kaufen. Absolut gut für jedes kaufbare Bedürfnis. Auf dieser Ebene vertritt der Philosoph des Nichts die deutsche Sparmentalität.

Rücklagen sollten 1/8 der Zinsen bei ererbten Vermögen nicht unterschreiten. Vor allem Künstlern, den Virtuosi und Freiberuflern, die von ihrem Talent leben, rät er zu Rücklagen, denn ihr Talent kann versiegen oder ist konjunkturellen Schwankungen ausgesetzt. Natürlich ist Geld kein Garant zum Glücklichsein. Auch Geld unterliegt der Dialektik von Anspruch und Besitz. Der »Kompressor unserer Ansprüche« produziert einen unaufhörlichen Drang zum Mehr und fordert immer neue Ansprüche. Die Unzufriedenheit ist damit programmiert, denn die Zahl der Ansprüche übersteigt in den meisten Fällen den Geldfaktor.

Theoretisch sind wir damit im 2. Kapitel (»Die Welt als Wille«) des Hauptwerks. Die Welt ist nicht nur Vorstellung, sie ist in erster Linie Wille. Dieser Begriff bezeichnet bei Schopenhauer nicht eine von der Vernunft nach bestimmten Motiven geleitete Aktion, sondern ein Prinzip, eine Kraft, die in allen Manifestationen der Natur wirkt: vom Unorganischen der Materie über das Pflanzlich-Tierische bis hin zum menschlichen Bewußtsein. Alles, was ist, ist Wille.

Es ist das Prinzip hinter allem, in seinem Wesen unergründlich, in seinen Manifestationen nur als Vorstellung erkennbar. Es gibt jedoch Sphären, über die wir diesem ansonsten unergründlichen Willen näherkommen. Über die Leiberfahrung haben wir einen direkten Zugang zum Willen. Wir erfühlen seine Dynamik in leiblichen Vorgängen. Vor allem in der Sexualität. »Die Genitalien«, so Schopenhauer, »sind der Brennpunkt des Willens.« Am Pol des Gehirns erkennen wir den Willen in unserer Vorstellung, am Sexpol erfahren wir ihn unmittelbar.

In der Sexualität spüren wir die erotische Energie des Willens, nicht nur als Wunschmaschine, sondern auch als Drang, uns zu vervielfältigen, uns durch Fortpflanzung zu erhalten. Das klingt so, als hätte der Junggeselle aus Überzeugung Freud und

Wilhelm Reich gelesen und dabei James Brown gehört, denn er situiert das Zentrum der Lebenskraft in der Sexualität und beschreibt den Willen als »sexmachine«. Am Brennpunkt Sex können wir den Willen direkt erfahren und – in der Musik. Sie nimmt eine Ausnahmestellung innerhalb der Künste ein.

Musik, »diese so große und überaus herrliche Kunst«, wirkt für Schopenhauer »so mächtig auf das Innerste des Menschen, wird dort so ganz und so tief von ihm verstanden, als eine ganz allgemeine Sprache, deren Deutlichkeit sogar die der anschaulichen Welt selbst übertrifft, – dass wir gewiss mehr in ihr zu suchen haben als eine unbewußte Übung in der Arithmetik, bei der der Geist nicht weiß, dass er zählt.«

Für Schopenhauer ist Musik machen und hören nicht nur eine unbewußte Übung im Zählen, sondern darüber hinaus eine unbewußte Übung in Metaphysik, bei der der Geist nicht weiß, daß er philosophiert. Als hätte er die Mahnung des Dämons (»Treibe Musik!«) an Sokrates beherzigt, um der Gefahr der Intellektualisierung zu entgehen, denkt Schopenhauer nicht nur den Willen, sondern hört ihn ab und entwirft eine philosophische Klanginstallation, die ihresgleichen sucht. Noch nie hat ein Philosoph vor ihm so über Musik geschwärmt und ihre Erotik beschworen. Schopenhauer komponiert eine Philosophie, in der der Wille in seinen verschiedensten Stufen, Formen und Manifestationen zu Klang wird. Er hört philosophisch und philosophiert das Hören, wie nach ihm nur noch Nietzsche, für den »Musik machen eine andere Art von Kinder machen« ist. Im ständigen Wechsel von Musikhören und Denken komponiert er eine philosophische Sinfonie des Willens, die Thomas Mann tagelang auf das Kanapee fesselt: »Einsam-unregelmäßige, welt- und todessüchtige Jugend – wie sie den Zaubertrank dieser Metaphysik schlürfte, deren tiefstes Wesen Erotik ist, und in der ich die geistige Quelle der Tristan-Musik erkannte«, beschreibt

Thomas Mann seine Schopenhauer-Lektüre. Kein Wunder, daß Richard Wagner ein glühender Schopenhauer-Anhänger wird. Die Seiten über Musik im dritten Kapitel der »Welt als Wille und Vorstellung«, auf denen der Wille Klang wird, gehören zum Schönsten, was seine Philosophie zu bieten hat. Vom Grundbaß der unorganischen Natur über die Ripienstimmen (Nebenstimmen), die der Tierwelt parallel laufen bis zur Melodie, in der hohen, singenden Hauptstimme, in der Schopenhauer »die höchste Stufe der Objektivation des Willens« wiedererkennt, »das besonnene Leben und Streben des Menschen.« Die Welt ist Vorstellung, die Welt ist Klang!

Was einer ist

Aber wie wird man, was man ist? Der dritte Punkt in Schopenhauers Unterteilung der Lebensweisheit ist »was einer ist«. Das Wichtigste für ihn. Das Basisvitamin: Persönlichkeit! Dazu gehören Kraft, Schönheit, Temperament, moralischer Charakter, Intelligenz und Ausbildung, nicht zuletzt Gesundheit. Sie aufs Spiel zu setzen, für »Erwerb, für Beförderung, für Gelehrsamkeit, für Ruhm, geschweige für Wollust und flüchtige Genüsse«, ist für Schopenhauer »die größte aller Thorheiten«.
Hörstürze, Herzinfarkte, heute fast schon Mode auf den höheren Etagen der Unternehmen, wären für ihn auf diese Überidentifikation mit der Sphäre »was einer vorstellt« zurückzuführen. Der Blick der anderen wird dabei direkt am Körper spürbar. Der Blick der anderen wird zur Hölle; und auch auf den flüchtigen Genuß der Kokskicks folgt unweigerlich die tiefe Depression. Auch da würde Schopenhauer sagen: Das ist es nicht!
Wie hoch wir das Repräsentieren vor anderen hängen, prägt auch Aussehen und Flair. Die Beifallsgesichter, die viele auf der Jagd nach der Gunst der anderen machen müssen, fördern nicht

unbedingt die Schönheit. Ob aufgedunsen oder glatt, das ständige Heischen nach Beifall prägt unübersehbar die Züge. Temperamentvoller und moralischer macht es auch nicht. Eher ängstlich, besorgt und innerlich aufgescheucht oder abgebrüht und zynisch-cool. Persönlichkeit wird zur Vorstellung. Ihr Beifall ist prostituiert, ihr Tadel hat nichts zu bedeuten, ihre Intelligenz ist abgerichtet, und ihre Bildung steht nur im Dienst des karrieristischen Fortkommens.

Die Entgegnung könnte so aussehen: »Was will eigentlich dieser elitäre Rentier? Er hatte einen reichen Vater und konnte sein Leben lang von dessen Geld gut über Lebenskunst klugscheißern. Vom richtigen Arbeitsleben, von der Notwendigkeit, seinen Lebensunterhalt zu verdienen, hat der doch keine Ahnung.«

»Richtig«, würde Schopenhauer antworten: »Weisheit ist gut mit einem Erbgut und hilft, dass einer sich der Sonne freuen kann.«

»Aber wo sind denn die Bedürftigen des Geistes, die es sich von Hause aus leisten könnten, sich zu bilden, um die zu werden, die sie sind?« könnte Schopenhauer hinzufügen. »Wer nutzt überhaupt seine finanzielle Unabhängigkeit zur Muße und läßt sich nicht verleiten, sich selbst aufzugeben, von der Aussicht auf Ämter, mehr Geld, Gunst und Beifall der Welt?«

Aber diese Konfrontation ist gar nicht notwendig. Schopenhauer hat eine große Sympathie für den, der im »struggle of life«, im »Kampf gegen die Not« bestehen muß. Er hat im Umkreis seines Vaters den Druck der Ökonomie auf die Menschen erfahren und die Modellierung der Körper durch das Einsetzen des Industriezeitalters studieren können.

Gerade er, der die Geschäftsreisen seines Vaters miterleben durfte, wußte, was das heißt: Das Sein bestimmt das Bewußtsein. Gerade, weil er aus erster Hand mitbekam, mit welcher Dynamik diese anbrechende, alles mitreißende Geldwirtschaft des Maschinenzeitalters die menschlichen Körper durchdringt, konnte er diese Schubkräfte als die große Willensmaschine beschreiben. Er hat sich jedoch nicht mitreißen lassen vom Moloch Willen, von der Geschäftigkeit und schwitzigen Eilfertigkeit seines Zeitalters. Er ist beiseite gegangen, hat sich in seinen geistigen Helden Kant vertieft, die alten Griechen studiert und Musik gehört. Er ist den Genüssen der Sensibilität, die, wie er schreibt, »im Beschauen, Denken, Empfinden, Dichten, Bilden, Musicieren, Lernen, Lesen, Meditieren, Erfinden« bestehen, nicht ausgewichen, er hat sich dem Gesang der Sirenen ausgesetzt und sich von den Fesseln des blinden Fortschrittswillens befreit. Gestützt auf seine kleine Erbschaft, hat er durch ständiges Intensivieren dieser Sensibilität nach und nach seinen Schwerpunkt von außen nach innen verlegt. Er versuchte, wie sein Verehrer Nietzsche, nach der Pindarschen Maxime zu leben: »Werde, der du bist!«

Die Höhle verlassen ...

Sein geistiges Training beschreibt Schopenhauer im dritten Kapitel seines Hauptwerkes: »Die platonische Idee: das Objekt der Kunst«. Lesen, lernen, empfinden und meditieren sensibilisierten Schopenhauer für das, was der griechische Philosoph Platon »Idee« nannte. Das Schauen der Ideen ist das Ziel der platonischen Philosophie. Um es bildlich zu erläutern, erzählt Platon seine Ideenlehre in einem Gleichnis, dem berühmten Höhlengleichnis:

Menschen sitzen in einer finsteren Höhle, so festgebunden, daß sie den Kopf nicht drehen können und nichts sehen als Schattenbilder. Diese werden durch ein Feuer hinter ihnen erzeugt und durch Gegenstände, die zwischen ihnen und dem Feuer vorbeigetragen werden. Sich selbst und die anderen Gefesselten sehen sie auch nur als Schattenbilder. Philosophie ist für Platon der Ausbruch aus dieser Höhle, in der wir die Schatten der Dinge für die Wirklichkeit halten. Wer sich philosophisch von den Fesseln befreien kann, den Ausgang findet und draußen einmal die Sonne sieht, der will nie mehr zurück in die Schattenwelt.

Auf Schopenhauers Lebenskunst bezogen, heißt das:

Durch Schärfung unserer Sensibilität »im Beschauen, Denken, Empfinden, Dichten, Bilden, Musicieren, Lernen, Lesen, Meditieren, Erfinden« durchschauen wir nach und nach die Schattenbilder unseres Lebens. Schattenbilder sind zum Beispiel die Bilder, die sich die anderen von uns machen. Es sind Bilder, die eine Gesellschaft sich von ihren Mitgliedern macht. Die Mitglieder sollen so geformt sein, daß die sozialen Werte sich in ihnen spiegeln, sie sollen gemäß den Werten gut funktionieren. Wenn eine Gesellschaft zum Beispiel auf ökonomisches Wachstum setzt, sollen ihre Mitglieder so schnell wie möglich gelderdienende Wesen werden. Soviel Bildung, um geldverdienende Wesen zu werden, wird von der Gesellschaft gefordert. Alle Bildung, die darüber hinausgeht, wird als Luxus oder bloßes intellektuelles Spiel abgetan. Die meisten Mitglieder einer solchen Gesellschaft mit dem Leitbild »Wachstum« werden sich mit dem Leitbild identifizieren und alles daransetzen, dieses Leitbild mit ihrer Person zu erfüllen. Sie sind in der Höhle, ohne es zu merken. Durch die ökonomischen Zwänge dieser Gesellschaft gefesselt, sitzen sie in der Höhle und sehen auf die Schatten des Leitbildes, das in verschiedenen Variationen, etwa Topmanager oder Medienstar mit höchster Quote, zwischen ihnen und dem lodernden Feuer vorbeigetragen wird. Um die Idee dieser Gesellschaft zu schauen, müßten die Mitglieder die Höhle verlassen und in die Sonne laufen. Das hat weniger etwas mit herkömmlicher Kritik zu tun. Sie funktioniert meistens im Modus des

Leitbildes und hilft, nur die Macht ihrer Wirkung auf die einzelnen Mitglieder zu verfeinern. Die Schau der Idee ist ein temporärer Durchblick und geschieht plötzlich. Sie befreit den Schauenden von der Überidentifikation mit dem Leitbild. Er riecht ein wenig Freiheit und darf sich Fragen stellen: »Will ich überhaupt diesem Leitbild genügen? Gibt es nicht noch etwas anderes im Leben, als ein schnell geldverdienendes Wesen zu werden?«

Diese Form der Distanzerfahrung gegenüber unseren konkreten Lebensbeziehungen können wir auch, so Schopenhauer, in der Sphäre der Kunst machen, neben der platonischen Idee das Thema des dritten Kapitels der »Welt als Wille und Vorstellung«. Als Vorbereitung auf diese existenzielle Distanzerfahrung dient die Schärfung der von Schopenhauer beschriebenen Sensibilität. Sie entläßt uns partiell vom ständigen Drängen des Willens. Sie entspannt uns auch vom unablässigen Räsonieren über Vergangenheit und Zukunft und öffnet den Raum für die heitere Göttin Gegenwart. Diese Distanz und Ruhe durchströmt die Philosophie Schopenhauers. Das ist der vitaminöse Pol seiner Philosophie.

Athleten und Breitensportler

Gehen wir noch einen Schritt weiter in Richtung Distanz und Ruhe, so wären wir beim vierten Kapitel seines Hauptwerkes, an dessen Ende er die radikalisierte Form der Distanzerfahrung beschreibt: die völlige Aufhebung des Willens. Sie ist Hardcore-Lebenskünstlern vorbehalten: den Asketen und Heiligen. Mit ihnen verlassen wir, nach Schopenhauer, das Feld der Philosophie, auch das der auf den Alltag bezogenen Lebenskunst, und treten ein in den Bereich der Mystik.

Nichtsdestotrotz geben uns diese Athleten der Verneinung, weniger durch ihr Reden als durch ihr Leben, ein Beispiel dafür, in welcher Intensität Distanz möglich ist. Wie die Ideenlehre bei Platon verweist uns der Mystiker auf die Möglichkeit eines Außen. Es gibt ein Außerhalb der Höhle, was immer sie sein mag: eine Gesellschaft, ein Beruf, eine Liebesbeziehung und nicht zuletzt wir selbst. Wir haben die Möglichkeit, anders zu denken und andere zu werden. Jeder in seinen Grenzen und auf dem Hintergrund seiner Charakterdisposition. Die von Schopenhauer immer wieder zitierte mystische Weisheitsformel der indischen Veden, »Tat tvam asi«, »Alles, was ist, bist du«, verweist auf die mystische Spitze einer solchen Loslösungs- und Distanzerfahrung. Der Mystiker, der diese Formel durch lange Meditation realisiert und lebt, ist aus der Höhle seines Ichs getreten. In der Höhle des Ichs war er gefesselt an die Willensmaschine. Die Willensprojektionen waren für sein Höhlen-Ich Realität. Die zentrale Projektion der Willensperformance auf der Höhlenleinwand, der ständig wiederkehrende Trailer, war: »Du bist dein Ich! Dein Ich muß wollen!« Und allen Höhlenbewohnern wurde unablässig die Corporate Identity getrailert: »Wir müssen nur wollen!« Immer weiter wollen und nicht nach rechts und links gucken. Und allen gefällt es, wie auch nicht. Bei dieser perfekten Promotion und heavy rotation: »Wir müssen nur wollen!« Vielleicht war es ein kleiner Spratzer auf der Leinwand, ein digitaler Dropout, der einen unter den gefesselten Zuschauern irritierte in der ansonsten irritationsfreien Vorstellung. Vielleicht war es ein Aufblitzen der Sonne auf der Leinwand. Ein Blitz des Außen durch den Höhleneingang bei einem bestimmten Stand der Sonne. Einer wurde zunehmend irritiert. »Ist das so? Muß das so sein?« fragte er sich. Und dann wollte er nur noch raus. Endlich in der Sonne, verlor er sich in der Betrachtung der Dinge. Sein auf Wollen eingestelltes Ich trat in den Hintergrund, und er realisierte das vedische »Tat tvam asi«. Alles, was ich sehe, bin ich. Und eine große Liebe zu all

diesen Dingen durchströmte ihn, auch für die zurückgelassenen Höhlenbewohner, und er dachte:
»Was werden sie sagen, wenn ich zurückkehre und ihnen von dieser anderen Welt, in der wir nicht wollen müssen, erzähle? Glauben sie mir, oder halten sie mich für verrückt?«
Am Ende der »Welt als Wille und Vorstellung« beschreibt Schopenhauer solche Extremerfahrungen der Mystiker. Er weiß, daß es Ausnahmeerfahrungen sind, die nicht willentlich herbeigeführt werden können und bei denen das im Spiel ist, was das Christentum »Gnade« nennt. Und dennoch markieren sie für ihn ein Extrem, das wir als Breitensportler des Geistes auf unserem Niveau auch realisieren können.
Als Pete Sampras, die ehemalige Nummer eins im Tennis, nach einem genialen Spiel mit glattem Drei-Satz-Sieg im Wimbledon-Finale 1999 gegen Andre Agassi gefragt wird: »Was war los, Pete?«, antwortet er: »I was in the zone!« – »Ich spielte in einem außergewöhnlichen Bereich.«
Auch weniger gute Spieler können genau dieses Zonenerlebnis auf ihrem Spielerlevel haben, nämlich: ganz bei sich zu sein, den eigenen Rhythmus zu spielen und gleichzeitig mit größter Empathie die gegnerischen Schläge vorauszuahnen. Auch das kann man nicht wollen. Man muß üben, trainieren, Schläge wiederholen, dann kann der Moment eintreten, wo wir in diese Zone kommen. Auf einen ähnlichen Geisteszustand und das dazu erforderliche geistige Training will uns Schopenhauer hinweisen.

Schopenhauers Vitamine:

Vitamin A: Wichtig ist, was du bist, und das weißt am besten du selbst, nicht die anderen.

Spiel' dein Spiel. Zu deinem Spiel kommst du, wenn du dich distanzierst von dem, was andere darüber denken, wie du spielen sollst. Du kannst nur werden, der du bist, wenn du dich immer wieder den Meinungen der anderen entziehst und durch Schärfung deiner Sensibilität deine Zone markierst. Zieh' dich immer wieder zurück, und denke darüber nach, was du gerne machen willst. Versuch' das dann umzusetzen, auch wenn du in einem bestimmten Moment deines Lebens einen Beruf eingeschlagen hast, der jetzt nicht zu deinem Talent paßt. Manchmal erfährt man erst später im Leben, wo es mit einem beruflich langgehen soll. Es gibt viele Beispiele von Menschen, die in ihrem Leben ihren Beruf geändert haben. Vielleicht war deine Entscheidung, diesen Beruf einzuschlagen, zu sehr von der allgemeinen Wirtschaftslage oder der Meinung deiner Eltern bestimmt. Sondiere deine Wünsche! Welche Wünsche entsprechen dir, welche sind eingeflüstert?

Vitamin B: Genieße deine Gegenwart!
Häng' den Fehlern, die du gemacht hast, nicht so lange nach, plane nur das Notwendigste in die Zukunft, denn die Gegenwart ist das Kostbarste, was wir haben. Das Leben ist kurz.

Vitamin C: Achte auf deine Gesundheit!
Nichts, keine Karriere, egal ob als Banker oder Künstler, ist es wert, daß du deine Gesundheit ruinierst. Beweg' dich. Manchmal löst sich ein Problem beim Joggen.

Vitamin D: Schärfe deinen Verstand für Kausalitäten, damit dir niemand ein X für ein U vormacht.
Übe dich z. B. im genauen Beobachten von Menschen. Höre nicht nur auf das, was sie dir sagen, sondern auch auf das Wie. Mit welchem Ton sagt jemand was, mit welcher Miene? Am Klang der Stimme kannst du hören, ob dich jemand reinlegen will. Sei mißtrauisch gegenüber Unbedingtheitsgesten. Jeden, der dir die Wahrheit verkaufen will, kannst du vergessen.

Vitamin E: Genieße deine Sensibilität im Beschauen, Denken, Empfinden, Dichten, Bilden, Musizieren, Lesen, Meditieren, Erfinden.
Wie gesagt, Schopenhauer exponiert die Musik, wobei das Musikmachen, egal auf welchem Level, natürlich noch wirkungsvoller ist als das Hören. Schopenhauer hat Flöte gespielt. Laß dir Denkimpulse geben von Philosophen, z. B. Montaigne. Dabei muß man nicht sofort alles verstehen. Pick' dir das raus, was dich anspricht. Bei einer zweiten Lektüre, zu einer anderen Zeit, verstehst du dann wieder anderes. Tauche durchs Lesen in frühere Zeiten ein, damit du aus dieser Perspektive anders auf deine Zeit schauen kannst. Lies aber nicht zuviel. Man kann sich auch dumm lesen, und daß belesene Menschen bessere Men-

schen sind, ist eine Mär. Schopenhauer hat nur beißenden Spott übrig für die Vielleser, die sich ständig denken und unterhalten lassen, damit sie nicht selber denken müssen. Finde eine gesunde Ökonomie zwischen Lesen und Erfahrung. Dichtung und bildende Kunst helfen dir, dich dem anzunähern, was Platon »Idee« nennt. Sie geben dir Formbewußtsein. Meditieren zentriert dich und hilft dir, dich neu zu erfinden.

Vitamin F: Imaginiere dich als Weltauge, das in die Weiten des Weltalls schaut und dann zurück auf die Erde, dann fängst du an zu verstehen, warum Schopenhauers Hauptwerk »Die Welt als Wille und Vorstellung« mit dem Nichts endet. Dieses Nichts eröffnet dir eine globale Perspektive auf diese Erde, die mit einem Blick die namenlosen Leiden der Menschheit faßt und jeden optimistischen Machbarkeitswahn Lügen straft. Diese kosmische Perspektive des Nichts wendet sich aber gleichzeitig zurück auf die heitere Göttin Gegenwart, mit der es trotzdem zu leben gilt: die Gelassenheit.

Im Nachlaß findet sich eine handschriftliche Notiz Arthur Schopenhauers von 1813:
»Was ist zu wünschen? – Ein Blick, der die Sonne untergehen sieht, aus dem Kerker wie aus dem Palast: der ist zu wünschen, und sonst nichts. – Wer kann ihn haben? – Jeder. – Wer möchte ihn? – Alle. – Wer will ihn? – Der Hunderttausendste.«

Einer dieser Hunderttausendsten ist Paul Simon, zumindest in seinem Song mit dem Titel »Quiet«:

> I am heading for a time of quiet
> When my restlessness is past
> And I can lie down on my blanket

And release my fists at last
I am heading for a time of solitude
Of peace without illusions
When the perfect circle
Marries all beginnings and conclusions

Pyrrhon

Steuerfreie Skepsis

In einem kleinen Dramolett bringt Nietzsche den Skeptiker Pyrrhon unter dem ironischen Titel »Der Fanatiker des Mißtrauens und seine Bürgschaft« auf die philosophische Bühne:

»*Der Alte:* Du willst das Ungeheure wagen und die Menschen im Großen belehren? Wo ist deine Bürgschaft? –
Pyrrhon: Hier ist sie: Ich will die Menschen vor mir selber warnen, ich will alle Fehler meiner Natur öffentlich bekennen und meine Uebereilungen, Widersprüche und Dummheiten vor aller Augen bloßstellen. Hört nicht auf mich, will ich ihnen sagen, bis ich nicht eurem Geringsten gleich geworden bin, und noch geringer bin, als er; sträubt euch gegen die Wahrheit, solange ihr nur könnt, aus Ekel vor dem, der ihr Fürsprecher ist. Ich werde euer Verführer und Betrüger sein, wenn ihr noch den mindesten Glanz von Achtbarkeit und Würde an mir wahrnehmt. –
Der Alte: Du versprichst zuviel, du kannst diese Last nicht tragen. –
Pyrrhon: So will ich auch dies den Menschen sagen, dass ich zu schwach bin und nicht halten kann, was ich verspreche. Je größer meine Unwürdigkeit, um so mehr werden sie der Wahrheit misstrauen, wenn sie durch meinen Mund geht.«

Der griechische Buddhist

In diesem kleinen Dramolett mit Fortsetzung demontiert sich ein Philosoph und läßt dabei auch die Wahrheit zur Fabel werden. Der Auflösung des Ichs und der Wahrheit kann nur noch das Nichts folgen. Nichts ist wahr, alles ist Erscheinung, und triffst du Buddha auf dem Weg, töte ihn! Schopenhauer läßt grüßen. Mit Pyrrhon erfahren wir die grundlegende Skepsis als Weg zum Selbst. Skepsis als Sorge um sich selbst.

Pyrrhon, »ein griechischer Buddhist«, schreibt Nietzsche lakonisch über den Skeptiker aus Elis und Hausmann der Philosophie. Pyrrhon, »der mildeste und geduldigste Philosoph, der je unter den Griechen gelebt hat.« Er war der »Nicht-Philosoph« unter den Philosophen. »Weniger ist mehr« könnte über seiner Philosophie stehen. Bei ihm wird ganz deutlich: Lebenskunst rechnet sich. Wegen seiner einfachen Lebensweise wurde Pyrrhon von den Steuern befreit – und nicht nur er, sondern alle Philosophen, die so wie er lebten. Die Steuereintreiber in der Antike waren von seiner Philosophie der Simplizität überzeugt. So einer braucht keine Steuern zu zahlen, weiß Diogenes Laertius, die Klatschtante der Antike, zu berichten.

Pyrrhons skeptische Haltung gegenüber philosophischen Salchows, Axels und Pirouetten ist ein Basisvitamin. Wenn er zur Skepsis mahnt, auch im Hinblick auf die Selbstsorge, kommt diese Skepsis von innen, aus der konkreten Lebenserfahrung. Sie ist kein methodischer Zweifel wie bei Descartes, kein bloß intellektuelles Gedankenspiel, sondern eine aus Erfahrung resultierende Haltung. Pyrrhon ist kein Drübersteher, dem die Ansätze der Lebenskunst nicht einleuchten oder intellektuell zu wenig Reiz bieten; er übt sich selbst in der Lebenskunst, aber bleibt skeptisch gegenüber allzu rigorosen Vorstellungen von Selbstbeherrschung und Kontrolle. Auch in der Lebenskunst sollte man die Kirche im Dorf lassen. Zu strenge Selbstkontrolle begräbt das Leben. Das, was Nietzsche den Kopfkontrolleuren der Philosophie zuschreibt, läßt sich von Pyrrhons grundsätzlicher Skepsis her auch auf mögliche Übersteuerungen der Lebenskunst übertragen. Auch Übung in Selbstbeherrschung kann zur inneren Kontroll- und Disziplinierungsmacht werden. All das, was Foucault in seinen Analysen der Mechanismen der Macht in den modernen Gesellschaften aufdeckt, kann sich in die Techniken der Selbstbeherrschung einschleichen.

In beiden Bereichen, sowohl in einer lebensfernen, rein intellektualistischen Kopfphilosophie als auch in der auf konkreten Übungen basierenden Selbstsorge, kann sich ein Typus des Philosophen zeigen, den Nietzsche als »Todtengräber« bezeichnet. Ob dieser Philosophentyp das Leben nun mit abstrakten Begriffen und Systemen verneint oder als Kontrollfreak der Selbstsorge durch einen strengen Prüfungs- und Übungsdrill, macht nur einen methodischen Unterschied aus, der Effekt ist der gleiche: »Etwas wird begraben.« Auch wenn niemand besser weiß als Pyrrhon, daß der Tod zum Leben gehört und im Leben auch immer etwas begraben werden muß, bleibt er skeptisch gegenüber der »Todtengräberei« als Philosophie-Typus.

Love hurts ...

Eine Liebe zum Beispiel, die anfangs sehr stark und lebendig empfunden wird und die auch unter einem guten Stern zu stehen scheint, wird unter Umständen von beiden oder von einem plötzlich begraben, wenn sich die Beziehungskonstellation beider Liebenden als sehr schwierig lebbar darstellt. Ihr Ende kommt dann plötzlich, wie aus heiterem Himmel. Das kann im Leben passieren und je nachdem, wer zuerst von den Liebenden zur Schaufel greift, hat dann einen kleinen Vorteil. Aber wenn die Schaufel in Herzensangelegenheiten habituell zur Hand ist, dann werden grundsätzlich die Möglichkeiten der Liebe untergraben. Keiner will sich eine Blöße geben und keiner der Loser sein, der dann mit offenem Herzen hinterherschaut.

Wenn Nietzsche etwas romantisch-schwärmerisch einen »Anti-

Todtengräber-Philosophen« beschwört, einen, der »zu großen Gefühlen fähig ist und mit Liebe vielen Dingen ins Herz kriecht«, weil »graue, kalte Geister nicht wissen, was die Dinge wiegen«, und »graue kalte Geister nicht wissen, was die Dinge wert sind«, dann steht Pyrrhon milde lächelnd hinter ihm. Nicht weil er da nicht auf seiner Seite ist, sondern weil ihm das zu schwärmerisch formuliert wäre.
Pyrrhon hat diese milde Kühle, die den Dingen im Leben noch bis in die feinsten Nuancen der Übertreibung hinein nachspürt und ihnen die angemessenen Gewichte und Werte zurückgibt.

He is really cool!

Er hat zunächst ein fast bedürfnisloses, einfaches und zurückgezogenes Leben als Maler geführt, wie Diogenes Laertius weiter berichtet. Vielleicht hat deswegen das Finanzamt ein Auge zugedrückt. Bei Pyrrhon, und auch bei seinen philosophischen Kollegen, war nichts zu holen.
Den Haushalt teilt er sich mit seiner Schwester, wobei die Hausarbeiten an ihn fallen. Pyrrhon fegt, putzt, kocht und kümmert sich neben der Malerei um seine Vogel- und Schweinezucht. Eigenhändig wäscht er die kleinen Schweine, bevor er sie mit den Vögeln zum Verkauf auf den Markt bringt. Bei jeder Beschäftigung kann er sich in der »ataraxia«, der Gemütsruhe, üben. Gelassenheit im Tun führt für Pyrrhon zu der Gemütsruhe. Die Heideggersche Maxime »Das Lassen tun« könnte auch von ihm sein.
Zwei Dinge sind es, die es nach der lakonischen Pyrrhonschen Philosophie zu lassen gilt: Eifer und Urteilen. Es sind die Schatten der Unruhe. Mit Deleuze könnte man diese beiden Attribute des Lassens in Begriffspersonen fassen: Streber und Richter.
Es geht auch bei Pyrrhon, wie bei Deleuze, um Identifikationen

und Intensitäten. Jedes Tun kann ich mit streberhaftem Ehrgeiz besetzen, jede Erkenntnis mit richterlichem Urteilen zum Dogma erheben. Was Freud in der Sphäre des Neurotischen entdeckt, die psychische Überdeterminiertheit bestimmter Meinungen, sieht Pyrrhon in einem bestimmten Bereich der Philosophie. Zum Beispiel in der Akademie Platons und in dessen Ideenlehre. Von Wesens-, Wahrheits- und Ideenschau zu sprechen, das ist für Pyrrhon zu neblig und einen Tick zu viel.

Es klingt wie ein kantianisches Vorbeben, wenn Pyrrhon die Philosophen seiner Zeit darauf hinweist, daß wir das Wesen der Dinge nicht erkennen können, sondern nur, wie sie uns erscheinen. Das nimmt wie in Kants Erkenntnistheorie den Druck aus den Dingen. Im Gegensatz zu Kant bleibt Pyrrhon aber auch in der Ethik auf dieser Linie des entspannten Denkens. Auch da geht es nicht um große, universalisierbare Wahrheiten und Moralgesetze, sondern nur um Erscheinungen. Pyrrhon, der in Indien war, wußte durch die Bräuche der anderen Kultur, daß ethische Werte relativ sind. Was im einen Kulturkreis zum ethischen Kanon gehört, kann im anderen unter Strafe gestellt werden. Auch in der Moral gibt es keine absoluten Wahrheiten.

Die Wahrheit ist ein Weib und kein tugendhaftes

Wahrheit und Methode werden bei Pyrrhon von der Last des Unbedingten befreit: »Es kann sein, vielleicht, es ist möglich, ich halte mich zurück, ich enthalte mich des Urteils, ich bestimme nichts, alles ist unbestimmt, alles ist unerkennbar, ich erkenne nichts, jedem Argument steht ein gleichwertiges gegenüber«, das sind Formeln seiner Skepsis. Und auch diese Formeln der Skepsis fallen in diese Unbestimmtheit. Ein Sibirien für Streber und Richter, ein Affront für Hamster im Laufrad der Eitelkeiten. Wenn Pyrrhon richtig liegt mit seiner grundlegenden Skepsis –

»Es kann sein, es kann aber auch nicht sein« –, wohin dann mit dem Brustton der Überzeugung, wohin mit all der Energie, mit der wir Ziele verfolgen, Erfolge herbeisehnen, an Karrieren basteln, uns Theorien ausdenken, Moral predigen, Helfer und Erlöser spielen, Treue beschwören, nach Ordnung rufen, Regeln machen, Liebe machen ...?

Es geht auch bei Pyrrhon um das Glück, das Glück der Gemütsruhe. »Der Skeptiker will aus Menschenfreundlichkeit nach Kräften die Einbildung und Voreiligkeit der Dogmatiker durch Argumentation heilen.« Pyrrhons grundlegende Erfahrung war, daß »der Dogmatiker nie glücklich werden wird« und daß »Gleichgültigkeit« in diesen Dingen uns dem Glück näherbringt. Hinter all diesem Unbedingten wittert Pyrrhon den »Tick zuviel«. Zuviel Unruhe, zuviel Speed, zuviel an Überzeugung, zuviel Idee, Wesen und Wahrheit.

Man könnte nun Meinungen gegen seine Skepsis hetzen. Natürlich gibt es die, er sagt es ja. Man könnte seine skeptische Haltung erkenntnistheoretisch, ethisch, politisch und psychologisch durchdiskutieren, aber wir würden damit ständig in die skeptische Falle Pyrrhons gehen: Es kann sein, vielleicht ...

Seine Skepsis zielt auch auf alles Meisterliche: »All the masters make the rules / for the wise men and the fools / It's alright, sister, I've got nothing to live up to«, könnte Pyrrhon mit Dylan gesungen haben. Nicht nur die Narren der Identifikation trifft seine Skepsis, sondern auch die Weisen, die sich über die Narren erheben und eine Weisheit verabsolutieren, die es noch nie gegeben hat. Es gibt auch Streber der Weisheit und Meister, die im Namen der Weisheit richten. Und deshalb sollte auch die Lebenskunst in dieser Pyrrhonschen Kühle und Milde geübt werden, sonst tappen wir in Meisterfallen. Ruhe finden wir nicht unbedingt durch Wissenschaft, und die »Weisheit« macht auch nicht unbedingt weise. Manchmal kommt die Ruhe, wenn wir unphilosophisch sind, nicht theoretisieren, wenn wir nicht üben, sondern einfach und normal sind. Und daher schadet weder im Blick auf jene bloße Attitüde des guten Lebens, jenes Lifestylewissen der Lebenskunst, das nie zur gelebten Praxis wird, noch im Blick auf eine dogmatische Lebenskunst ein gesundes Mißtrauen, denn die Streber, Richter und Meister lauern überall.

Deswegen läßt Nietzsche sein kleines Pyrrhonsches Dramolett so enden:

Der Alte: Willst du denn der Lehrer des Misstrauens gegen die Wahrheit sein? –

Pyrrhon: Des Misstrauens, wie es noch nie in der Welt war, des Misstrauens gegen alles und jedes. Es ist der einzige Weg zur Wahrheit. Das rechte Auge darf dem linken nicht trauen, und das Licht wird eine Zeitlang Finsterniss heissen müssen: diess ist der Weg, den ihr gehen müsst. Glaubt nicht, dass er euch zu Fruchtbäumen und schönen Weiden führe. Kleine harte Körner werdet ihr auf ihm finden, – das sind die Wahrheiten: Jahrzehnte lang werdet ihr die Lügen händevoll verschlingen müssen, um nicht des Hungers zu sterben, ob ihr schon wisset, dass es Lügen sind. Jene Körner aber werden gesäet und eingegraben, und vielleicht, vielleicht gibt es einmal einen Tag der Ernte: Niemand darf ihn versprechen, er sei denn ein Fanatiker. –

Der Alte: Freund! Freund! Auch deine Worte sind die eines Fanatikers! –

Pyrrhon: Du hast Recht! Ich will gegen alle Worte misstrauisch sein. –

Der Alte: Dann wirst du schweigen müssen. –

Pyrrhon: Ich werde den Menschen sagen, dass ich schweigen muss und dass sie meinem Schweigen misstrauen sollen. –

Der Alte: Du trittst also von deinem Unternehmen zurück? –

Pyrrhon: Vielmehr, – du hast mir eben das Thor gezeigt, durch das ich gehen muss. –
Der Alte: Ich weiss nicht –: verstehen wir uns jetzt noch völlig? –
Pyrrhon: Wahrscheinlich nicht. –
Der Alte: Wenn du dich nur selber völlig verstehst! –
Pyrrhon dreht sich um und lacht. –
Der Alte: Ach, Freund! Schweigen und Lachen – ist das jetzt deine ganze Philosophie? –
Pyrrhon: Es wäre nicht die schlechteste. –«

Pyrrhon geht ab, aus dem Off singt die Gruppe Songs: Ohia:

»Try and try and try
Just be simple again.«

Pyrrhons Vitamine:

Vitamin A: Schweigen und lachen.

Vitamin B: Vor jede Weisheitsmaxime ein »Vielleicht« setzen, bis sie sich als Lebensweise bewährt hat.

Vitamin C: Sei einfach! Weniger ist mehr!

Die kurzen Merksätze sind bei den Philosophen der Selbstsorge »griffbereite« Erinnerungsstützen für entsprechende Lebenssituationen. Manche werden bei ihrer Einführung genauer kommentiert, um Mißverständnissen vorzubeugen.

Das Wissen, um das es bei der Lebenskunst geht, ist ein spezielles Wissen. Es ist ein Wissen, das nach einer Konversion verlangt, einer Umkehrung. Die Art zu leben, die Art zu sein, unsere Seinsweise soll eine Änderung erfahren.

Das Bild der Pirouette taucht in diesem Zusammenhang auf. Man dreht seinen Blick zurück auf sich selbst. Man dreht sich um sich selbst. In der Antike führten diese Drehung die Sklaven aus, denen von ihrem Herrn die Freiheit zurückgegeben wurde. Zum Zeichen der Freiheit drehten sie sich um sich selbst. Das Bild der Pirouette steht für Befreiung, nicht für ein narzißtisches

Um-sich-selber-Drehen. Es ist eine Art geistige Kernspintomographie. Wir umkreisen und durchleuchten uns selbst, nicht, um eine Wahrheit in uns zu entdecken, denn das wäre schon wieder ein Machttypus des Denkens, dessen Überwachungsstrategien Foucault beschrieben hat, sondern um zu sehen, was ist. Wie das Selbst nicht gegeben ist, ist es auch die Wahrheit nicht. Die kleinen Wahrheiten entstehen nach und nach in der Übung mit sich selbst. Es gibt keine Generalisierungen, die in unbedingten Wahrheiten formulierbar wären. Es gibt eine Zielbeschreibung: Selbstbeherrschung, Ruhe, Freimütigkeit, die sich dann in einer Freude an sich selbst und der Muße zum Ausdruck bringen.
»Sich im festen, heiteren Element aufhalten«, beschreibt Epikur diesen Zielzustand. Es ist keinem Blick nach oben in den Himmel der ewigen Ideen vergleichbar, wie bei Plato, oder zu Gott, wie im Christentum, es ist eher einem Blick nach unten auf uns selbst vergleichbar. Die Technologie des Selbst ist immanent, sie ist von dieser Welt und auf diese Welt bezogen. Ihr Wissen ist bezogen auf den Prozeß der Selbstbildung. Es ist ein Wissen, das sich sofort über das Training der Übungen in verändernde Impulse übersetzt. Auch da hilft die Analogie zum Sport. Foucault stellt diese Analogie, die von den antiken Philosophen der Lebenskunst zur Erklärung ihres Wissensmodus oft herangezogen wird, heraus:

> »Ein guter Athlet ist nicht der, der alle Gesten, die man möglicherweise irgendwann einmal gebrauchen kann, oder alle Gesten, die man auszuführen imstande ist, gelernt hat. Um ein guter Athlet zu sein, genügt es im Grunde, die Gesten, und nur diese, zu kennen, die am häufigsten Anwendung finden. Und die wenigen Gesten muß man so gut kennen, und sie müssen einem so vertraut sein, daß sie einem stets zur Verfügung stehen und daß man, sobald sich die Gelegenheit bietet, auf sie zurückgreifen kann.«

Durch die Übungen der Selbstsorge wappnen wir uns und lernen unsere Spezialgriffe anzuwenden. Auch hier gilt: Weniger ist mehr! Wir machen uns mit unseren Stärken vertraut, so daß wir sie griffbereit haben, wenn wir sie brauchen. Sie sitzen uns dann quasi in den Muskeln.

Es geht also nicht um Vielwissen. Nicht um schmückendes Bildungswissen, nicht um Schönreden, Wort- und Theoriegeklingel, um eitle Effekte und Sprachgeräusche, kein Wissen, das – wie Epikur sagt – sich selbst zur Schau stellt und der Menge gefällt, sondern es geht um ein prozeßbezogenes Wissen. Ein Wissen, das jeder sofort verstehen, und vor allem ein Wissen, womit jeder etwas machen kann. Es ist einfach und praktikabel. Foucault nennt es »ethopoietisches« Wissen. Es wirkt auf den »ethos«, wie die Griechen sagen, auf die Haltung. Es produziert Ethos, und Ethos ist bei den Griechen eine in Handlung und Haltung übersetzte Ethik. Es ist ein anderer Wissenstypus als der, den wir kennen und in den wir einsozialisiert sind: Erklärungs- und Ursachenwissen. Das macht uns zwar schlauer, aber verändert uns nicht. Man kann es, wenn man fleißig ist, schier endlos ausweiten, aber es gibt uns keine direkten Impulse, uns zu verändern. Es kann sogar den Impuls, uns zu verändern, verstellen. Man weiß es ja schon. Geht es bei diesem Wissen um Verdeutlichung durch Erklärung und verstehenden Nachvollzug des Erklärten, so geht es bei dem auf das Ethos zielenden Wissen auch um eine andere Form der Vermittlung. Epikur verweist auf das Orakel.

> »Mit Freimut möchte ich ... allen Menschen lieber wie ein Orakel verkünden, was ihnen dienlich, wenn auch niemand es begreifen sollte, als den Allerweltsmeinungen beistimmen und das billige Lob der Masse ernten.«

Das Bewußtsein war schon da bei Epikur, daß er mit seinem Wissenstypus, den Übungen und dem Thema im Gegensatz steht

zu jener anderen Wissensform des Erklärens. Er weiß, daß er für diejenigen, die dieser Wissensform mit all ihren öffentlichkeitswirksamen Effekten anhängen, wie ein Orakel klingen muß. Ein Orakel, das in aller Einfachheit spricht, in eine Richtung weist, aber nicht auf Verstehen, sondern Verändern angelegt ist. Ein Orakel, das von denen, die ihre Seinsweise nicht ändern wollen, sondern weiter das Erklärungswissen zelebrieren wollen, als fremd und unverständlich abgewiesen wird. Trotzdem verkündet er in seinem kleinen Garten zu Athen mit Freimütigkeit, was für die Selbstsorge dienlich ist. Diese Reduktion des Wissens auf das zur Selbstsorge Dienliche ist natürlich ein Affront gegenüber den Vielwissern. Plötzlich könnte klar werden, daß vieles davon überflüssig ist, vielleicht nur der Show und der Ablenkung dient.
Nietzsche, der Epikurs orakelhaftes Reden aufnehmen konnte, grenzt sich klar von dieser Vielwisserei ab: »Ich will ein für alle Mal nicht mehr alles wissen.« Was wir auch alles wissen sollen. Aus der Perspektive der Lebenskunst betrachtet, kommt es einem grotesk vor. Die Zeile »too much of nothing« von Bob Dylan trifft den Nagel auf den Kopf. Gegen dieses »too much of nothing« sollen wir uns schützen. Das noch lesen, diese Ausstellung noch sehen, das Theaterstück, jenes Konzert, diese Party, jener Empfang usw. Jeder kennt das. Diesem kategorischen Imperativ des Informiertseins müssen wir uns nicht unbedingt beugen. Wir sollen uns selbst formen, und dabei kann der Imperativ der Informationen manchmal verstellend sein.
Also, das Orakel Epikurs und Pyrrhons Skepsis bedeuten uns im Blick auf die Lebenskunst: Weniger ist mehr! In der Countrymusik gibt es einen Spruch: »Three chords and the truth!« Drei Akkorde reichen oft, um Wahres zu sagen. Praktiziere deine Erinnerungsübung, und filtere die Informationen im Blick auf ethosbildende Impulse.

Caroline Schlegel-Schelling

Freundin des Lebens

Sie hat kein philosophisches Buch geschrieben, Caroline Schlegel-Schelling ist Philosophie!
Und doch hat sie geschrieben, hat schriftlich auf ihr bewegtes Leben reagiert. In Briefen denkt sie dem Leben nach, in Briefen spricht ihr Selbst. Es sind tagebuchartige, nicht für die Öffentlichkeit gedachte Dokumente, die Einblick geben in ihr ungewöhnliches Leben. Caroline Schlegel-Schelling will ihre Zeit nicht in philosophische Gedanken fassen, wie die Dichter und Philosophen in ihrem Umkreis, sondern auch mit Hilfe der Schrift ihr Leben als Frau bewußt gestalten. Im Schreiben übt sie sich, wie die antiken Philosophen, in der Kunst zu leben. In ihrem romantischen Umkreis hieß das: »Kunst der Kunst, die Lebenskunst.«

Freiheit als Lebenspraxis

Den Theoretikern der freiheitlichen Systeme, den beiden Profiphilosophen Fichte und Schelling, den progressiven Dichtern der Frühromantik, den Brüdern Schlegel, gibt sie Basisunterricht in Sachen gelebter Freiheit. Aufforderungen von seiten der Brüder Schlegel und auch von Novalis, doch selbst »die Hände nach einem Roman auszustrecken«, lehnt sie ab. Statt dessen wirkt sie als lebenskluge Partnerin, hilft sie den Männern, mit denen sie freundschaftlich und in Liebe verbunden ist: dem »deutschen Jakobiner« Georg Forster bei seinem kühnen Versuch, die Französische Revolution auf deutschen Boden zu übertragen, August Wilhelm Schlegel bei seinen diversen Übersetzungen; sie coacht Gottfried August Bürger bei seinen

Gedichten und Übersetzungen, Friedrich Schlegel bei der Abfassung seines Romans »Lucinde«, und sie hat die Redaktion der Romantikerzeitschrift »Athenäum« geschmissen. Auch ihren dritten Ehemann, den Philosophen Friedrich Schelling, inspiriert sie stark. Wenn man Jaspers folgt, dann war Schelling der einzige Philosoph, der sich von einer Frau beeinflussen ließ. »Nicht nur durch Carolines erotische Leidenschaft und menschliche Verbundenheit«, sondern vor allem »durch ihr geistiges Wesen wurde Schelling«, schreibt Karl Jaspers, »erst gelockert zu der Freiheit und Weite, die er erreicht hat.« Sie hat ihn »locker« gemacht und vertieft für die Philosophie der Freiheit.

Im Rahmen der ihr aufgezwungenen Grenzen einer weiblichen Lebenssphäre und für ihre Zeit, die durch den Widerspruch zwischen freiheitlichen Aufklärungsidealen und sozialer Lebensrealität gekennzeichnet ist, hat Caroline Schlegel-Schelling ihr Leben auf ungewöhnlich starke Weise frei gestaltet. Obwohl sie »im Zweck des Weibs« nicht den »Hauptzweck des Menschen« sieht, unterwirft sich Caroline Michaelis, 17jährig, den Heiratsplänen der Eltern. Sie heiratet einen jungen Arzt aus dem näheren Bekanntenkreis der Professorenfamilie. Die Ehe war nicht emporreißend. Drei Kindern schenkt sie das Leben, und sie liest viel. Schon nach kurzer Zeit schreibt sie: »Mein Loos ist geworfen, mein Herz ein unwirthliches Eyland«. Als ihr Mann an einer Blutvergiftung stirbt, ist sie mit dem dritten Kind schwanger und zieht mit den zwei älteren Töchtern zurück zu ihren Eltern nach Göttingen. Das dritte Kind stirbt in den ersten Lebenswochen, die jüngere Tochter wenig später an einer Infektion. Doch Caroline verzagt nicht.

Entschieden ist sie für die Emanzipation, aber eine von Frau *und* Mann, eine Emanzipation des Menschen. Für sie Lebenswichtiges soll dabei nicht verlorengehen, sie will als Frau Mutter sein und ihren Kindern Partnerin und Freundin. Die junge Witwe unternimmt den Versuch, sich eine eigene Existenzgrundlage zu schaffen, aber die rigide gesellschaftliche Moral unterdrückt ihre Lebensvorstellungen. Sie grenzt sich nach und nach »von weltlichem Ansehen« und »materieller Sicherheit« ab, wenn dafür der Preis der Selbstverleugnung und Begrenztheit zu zahlen ist. Ganz auf der Linie der antiken Selbstsorge versucht sie sich in den jeweiligen Umständen, in die sie gerät, zu entwickeln. Sie überprüft sich stets neu, bleibt wach, in Bewegung, lebt *mit* statt *gegen* das Leben und sympathisiert mit demokratisch-revolutionären Ideen. Die aus Frankreich kommenden gesellschaftlichen Veränderungen bieten ihrem emanzipatorischen Lebensentwurf am ehesten Hoffnung auf Verwirklichung.

Freundschaft als Lebensform

»Wer wollte sich aufopfern«, schreibt sie, »das geschieht nur dem, der Lücken zu füllen – Leere zu verbergen hat. ... Ein jeder muß wissen, um welchen Preis er sein Leben gibt ... Wer sicher ist, die Folge nie zu bejammern, darf tun, was ihm gut dünkt«, so das Fragment ihrer Kunst der Kunst, der Lebenskunst. Was in ihrem wechselvollen Leben auch geschieht, sie bereut nichts.

Wenig später geht sie nach Mainz, in die »Mainzer Republik«, dorthin, wo die Französische Revolution kurz auf deutschen Boden übergreift. In Mainz lebt sie im Umkreis von Georg Forster. Sie singt mit mehr als 100.000 Menschen das Marseiller Lied und sie tanzt die Carmagnole. Doch ein Jahr später sitzt sie mit ihrer Tochter und hochschwanger von einem französischen Revolutionsoffizier im Kerker. Auch der Junge der Revolution wird später sterben. Alexander von Humboldt setzt sich für sie ein und erwirkt ihre Freilassung.

Gehetzt von moralischer Verleumdung, gerade auch aus jenen Kreisen, die – zumindest in Theorie und Poesie – so freiheitlich und progressiv gestimmt sind, geht sie eine Vernunftehe ein und heiratet August Wilhelm Schlegel. Caroline Schlegel »symphilosophiert« und »symfaulenzt« eine Zeit mit den Romantikern. Sie ist das eigentliche Zentrum des frühromantischen Jenaer Freundeskreises, in dem sie eine gemeinschaftlich-harmonische Lebensform kurzzeitig verwirklicht sieht, ehe Mißgunst, weltanschauliche Unterschiede und üble Nachrede den Kreis sprengen. Sie trennt sich von Schlegel und heiratet Schelling. Als auch die letzte ihr verbliebene Tochter stirbt, ist ihr Lebenswille gebrochen. Trotzdem hat sie noch die Kraft, Friedrich Wilhelm Schelling, den Philosophen der Freiheitsschrift, mit Liebe, feiner Ironie und ihrem lakonisch-lebensklugen Stil, von dem ihre Briefe zeugen, aufzuheitern und aufzulockern.

Wenn Schelling als Philosoph und Gestalter eines theoretischen Systems der Freiheit von Caroline Schlegel-Schelling beeinflußt war, dann stellt sich die Frage: Wer ist eigentlich »freier« gewesen von den beiden? Oder muß man mit Caroline Schlegel-Schelling fragen: Wer von den beiden hatte »eine Lücke – eine Leere« zu füllen?

Caroline Schlegel-Schelling nicht. Sie stirbt am 3. September 1809 und wird am 10. September hinter der Klosterkirche von Maulbronn beigesetzt. Es ist, als hätte Joni Mitchell in ihrem Song »Both Sides Now« Carolines Lebenslauf der Liebe, des Schmerzes und der Freundschaft musikalisch auf den Punkt gebracht:

I've looked at life from both sides now
From win and lose and still somehow
It's life's illusions I recall
I really don't know life at all
It's life's illusions I recall
I really don't know life
I really don't know life at all

Caroline Schlegel-Schellings Vitamine:

Vitamin A: Leben und lieben.
Lebe *mit* dem Leben und seinen Veränderungen statt *gegen* das Leben! Finde deinen eigenen Rhythmus in den verschiedensten Lebenslagen!

Vitamin B: Überprüfe regelmäßig deine Lebensweise!
Frag' dich, z. B. in einem Tagebuch, von Zeit zu Zeit, ob deine Existenzform dich vielleicht von dem trennt, was du eigentlich kannst, und von dem- oder derjenigen, der/die du bist. Reduziert also deine augenblickliche Lebensform und vermindern die Umstände deines Denkens und Fühlens dein Vermögen? Ändere deine Lebensweise, wenn du nicht willst, daß du dich selbst verlierst. Und: Kenne den Preis dafür ... »Wer sicher ist, die Folge nie zu bejammern, darf tun, was ihm gut dünkt.«

Vitamin C: Die Leerstellen mit Leben füllen, nicht nur mit Theorie.

Gilles Deleuze

Ein wenig Gras und klares Wasser

DeleuZe. Er ist stolz auf das »Z« in seinem Namen. Es ist das »Z« der DifferenZ, des BlitZes, der Buchstabe, den man in den Namen der großen Philosophen findet: Zen, Zarathustra, LeibniZ, NietZsche, SpinoZa und auch in DeleuZe. Das »Z« ist für ihn ein großer Buchstabe, der die Wiederkehr des »A« ermöglicht und gleichzeitig das Ende des Alphabets markiert: »Kein Wort nach ZickZack.«

Der ZickZack-Groove

Das »Z« verweist auch auf den ZickZack-Flug der Fliege, ein Deleuzesches »Begriffstier«. Die ZickZack-Fliege ist das Bild für ein Denken, das nicht linear verläuft, das sich nicht linearisieren läßt, das ausschert und blitzschnell Fluchtlinien erzeugt. »Tier« und »werden« sind häufige Denkbilder bei Deleuze. Im Denken »Tier werden«, zum Löwen, Schakal, Hund, zur Fliege. Deleuze benutzt noch andere Begriffsfelder des Werdens, beispielsweise zur »Landschaft werden«, zur Steppe, zur Wüste, zur Stadt, zur »Pflanze werden«, zur Blume und zum Gras. Oder er situiert das Denken im Medium der Elemente, Feuer, Wasser, Luft und Erde, ein Windstoß werden, und in Begriffen, die »Person werden«, »Begriffspersonen« wie Nietzsches »Zarathustra«, »Seiltänzer« oder »Dionysos«.

Deleuze gibt dem Denken die Sinnlichkeit zurück, das, was je schon in den Begriffen steckt, ob bewußt oder unbewußt. Wir fassen die Welt in Begriffe, oder wie Deleuze sagt: Wir falten sie. »Die Falte«, so lautet der Titel seines Buches über Leibniz. Die

Welt so in Begriffe zu fassen ist wie Papier falten, Falte um Falte, unendlich viele, eine »mannigfaltige« Bewegung. Und jede Begriffsfalte ist eine Komprimierung, eine Abstraktion der Welt. Deleuze will all das, was sich im Falten der Begriffe von der Welt eingefaltet hat, wieder ausfalten. Ihm geht es um jene schwirrenden Partikel innerhalb der Begriffe, die dem ZickZack der Fliege ähnlich sind und die mitgefaltet wurden, aber auch weiterhin mitschwingen.

Goethes Beobachtung »Architektur ist gefrorene Musik« verdeutlicht diesen Bezug von Form und schwingendem Hintergrund. Und auch Musiker machen die Erfahrung der schwingenden Faltung, nur heißt sie bei ihnen »Groove«.

Rinne, Nut ist die wörtliche Übersetzung von »Groove«, ursprünglich ein Begriff aus der Jazz- und Bluesmusik, der dann in Pop, HipHop und Techno, mit allen Differenzierungen und Faltungen in Untergruppen, einen geradezu inflationären Gebrauch findet. Alle wollen groovy sein. Groove ist diese auf eine Nut gebrachte Schwingung in der Musik, die in einem federnden Rhythmus hörbar und für Musiker, die zusammenspielen, sofort spürbar ist, wenn sie sich beim Musizieren einstellt. Der Musiker Lou Reed hat in einem Fernsehinterview dieses Sich-Einstellen des Groove eindrücklich beschrieben:

»Du übst und übst, und lange Zeit passiert nichts. Du übst weiter und weiter, dann spürst du kleine Vorzeichen und dann: You know, man, it's a big event when you logged in–to the groove.«

Dieses »logging in« sei für ihn Musik. Darum geht es in der Musik.

Und das meint auch Deleuze in seiner Philosophie mit Faltung der Begriffe. Begriffe sind für ihn Schwingungszentren, in denen auf unwillkürliche Weise Körper, Empfindungen, Affekte, Gene, Erfahrungen, evolutionär Gespeichertes, Lebenswelten, Haltungen des Philosophen mitschwingen. Ob er will oder nicht, mehr oder weniger. Diejenigen, die versuchen, die Amplitude ganz klein zu halten, indem sie die Abstraktion der Begriffe erhöhen, um sie sozusagen körperlos zu machen, aus welchen Gründen auch immer, grooven dann eben nicht so stark. Sie sind, wie Nietzsche sagt: »Registriermaschinen ohne Eingeweide«. Aber nichtsdestotrotz sind auch ihre sogenannten objektiven, von der Person vermeintlich gereinigten Begriffe und Systeme nur eine unvermerkte Art, über sich zu reden.

Ein Begriff, der groovt, ist dagegen wie der mit höchstmöglichem Topspin geschlagene Ball im Tennis. Der ganze Körper des Spielers liegt in einem solchen Schlag. Bei Deleuze kommen zu den erwähnten Denkbildern und Wortfeldern des Werdens, zu dem Tier-, Landschaft-, Element-, Personwerden der Begriffe, auch die Bewegungsarten hinzu. Und auch dies ist ein in den Texten der Popmusik wiederkehrender Topos. »Maybe it's the way you walk, maybe it's the way you talk.« Welchen Sound, welche Klangbewegung hat ein Gedanke? The way of: Wie geht ein Gedanke? Bei Nietzsche ist das schon ein Thema, auch bei Hölderlin (»Der Geist hat eine Gangart«). Geht er überhaupt? Oder vibriert er nur schwach im Sitzen? All das sind wichtige Aspekte des Denkens bei Deleuze.

Innerhalb der Bewegungsbilder bezieht er sich nicht zuletzt auf moderne Sportarten: auf das Gleiten beim Surfen zum Beispiel, das Sich-Einklinken in eine vorhandene Bewegung und auf die Gleituntergründe, die Welle beim Surfen, die Luft beim Drachenfliegen, den Schnee beim Snowboarden. Klinkt sich ein Denker in eine vorhandene Bewegung ein und gleitet, fliegt, surft durch, über und auf den Gedanken, oder erzeugt er die Bewegung im Stemmen, Stoßen und Schlagen? Und was ist mit seinen Begriffen? Sind sie starr und hüftsteif, verlaufen sie in den Bahnen der Logik und Falten der Abstraktion oder haben sie Spin wie der Schlag beim Tennis und »Swell« wie die Wellen beim Surfen? Der Topspin des Begriffs: Beim Denken springt er aus dem markierten Feld.

Deleuze läßt sich beim Denken treiben, schichtet ein Ornament auf das andere, mal in barocker Weise ausschweifend, dann wieder hermetisch zugespitzt. Mit Pyrrhonscher Skepsis bewaffnet, möchte man ihm zurufen: »Sag's einfach!« Denn kaum hat man sich mit einer Denkfigur oder einem Begriffsfeld angefreundet, trägt ein Windstoß den Begriff in eine andere Richtung, verwandelt ein Blitz den Gedanken oder macht ihn ein Sound zum Gesang. Deleuze ist selbst Fliege geworden im ZickZack der Begriffe. Er hat als Intellektueller das Gefängnis der Begriffe von innen kennengelernt. Es ist, als hätte er sich im Freigang ständig Fluchtwege ausgedacht. Für ihn führen viele Wege zur Selbstsorge, und all diese Wege und Bewegungen faltet Deleuze im Begriff »Werden«. Philosophie bedeutet ein Denken, das »das Werden nicht abschreckt«.

Erstes Fazit: Das ZickZack der Fliege als eine Bewegung, die das Werden nicht abschreckt. Philosophie als Surfen und Driften. Laß dich treiben von der Drift deiner Gedanken, rät uns Deleuze. Denke nomadisch. Sei einsam, aber scheue die Begegnung nicht. Laß dich von anderen, die auf deiner Wellenlänge liegen, bevölkern. »Ideen, das ist Interaktion, Werden, Diebstahl und Vermählung, der Zwischenraum der Einsamkeiten. Man ist zwar allein, aber auch gleichsam eine ›Bande‹ von Saboteuren. Man ist kein Autor mehr, man ist ein Produktionsbüro, war nie mehr bevölkert.«

Eine Bande sein, in der »jeder seine Beute mitbringt und sich derart ein Prozeß ausbildet, ein Block sich in Bewegung setzt, der nicht mehr einem allein gehört, sondern ›zwischen‹ allen ist, wie ein kleines Segelboot, das Kinder im Wasser treiben lassen, aus den Augen verlieren und das von anderen gestohlen wird.«

Deleuze sieht sich einer »Bande« von Philosophen angeschlossen. Er hat sich eingeklinkt, hat auf den Strömen und Wellen ihres Denkens gesurft, hat wie ein Musiker in einer Band mit ihnen gejammt und den Groove im »Dazwischen« gehört, vor allem mit jenen Philosophen des großen »Z«: NietZsche, SpinoZa, LeibniZ, Zarathustra und BergZon, dem er ein Z für ein S gibt.

Der Faden ist gerissen ...

Die Deleuzesche ZickZack-Philosophie überschreitet ständig die Linearität des Denkens. Starrheit der Begriffe und lineares Verstehen sind für ihn zwei Seiten der gleichen Medaille. Beide stören das Werden, machen die Philosophie zum Gefängnis. An seinem assoziativen Denkstil prallen die an Linearität orientierten Verstehenstechniken ab. Seine ZickZack-Bewegungen sind wie jene Zäune, die auch Nietzsche um seine Philosophie gezogen hat, damit ihm nicht, wie er sagt, »die Schweine und Schwärmer« einbrechen. Aber wenn man das Handbuch von Deleuze zum Gebrauch seiner Philosophie liest und es anwendet, dann wird man von dem Windstoß seines Denkens gepackt und entdeckt ihn für sich neu. Das, was Michel Foucault, sein Freund, als philosophische Aktion, als eine Übung im »Anders denken« bezeichnet hat, das ist in den Texten von Deleuze Praxis. Foucault über Deleuze:

> »Ein Blitz ist übergesprungen, der den Namen Deleuze tragen wird: ein neues Denken ist möglich; das Denken ist von neuem möglich. In den Texten von Deleuze ist es da: springend, tanzend, vor unseren Augen, mitten unter uns ... Eines Tages wird das Jahrhundert vielleicht deleuzianisch sein.«

Deleuze hat dieses Statement später dem »diabolischen Humor« von Foucault zugeschrieben. Aber Foucaults Metapher vom »BlitZ« trifft die Sache sehr genau. Das deleuzianische »Z« wird

zum überspringenden Blitz durch seine philosophische Haltung, durch die Art und Weise, wie Deleuze denkerisch springt und tanzt. Und die Anweisung zum Gebrauch seiner Philosophie und zum Selberspringen steht im Handbuch:
Man nehme »das Buch als kleine asignifikante Maschine. Das einzige Problem ist, ob und wie sie funktioniert. Wie funktioniert sie für Euch? Wenn sie nicht funktioniert, wenn nichts passiert, muß man zu einem anderen Buch greifen. Jene andere Lektüre ist intensiv. Entweder kommt was rüber oder nicht. Es gibt nichts zu erklären, zu verstehen, zu interpretieren. Wie bei elektrischen Schaltungen.«
Die Schriften von Deleuze sind wie kleine Stromstöße. Man kriegt eine gewischt, wenn man nicht aufpaßt. Man kommt ins Stocken, wenn man sie liest, ins Stottern, wenn man über sie spricht. Jeden Moment kann einem der Faden reißen. Da hat sich ein Philosophieprofessor aus dem beamteten Denkduktus herausgedreht und die akademische Denklinie überschritten.

Populär sein, ohne Kompromisse

Die neue Produktionsform bedingt eine andere Rezeption. Wie bei elektrischen Schaltungen vernetzt sich die Philosophie von Deleuze mit anderen Schaltzentralen. Kino, Literatur, Musik, Pop und die Straße verschalten sich in ihr. Lange bevor die sogenannte neue Popliteratur ihre Bücher auf die Turntables legt, hat Deleuze von Popanalyse gesprochen. Und Pop-Philosophie bringt, wie gute Popmusik, etwas rüber durch ihre elektrische Intensität. Gute Pop-Gedanken und -Begriffe springen über. Sie sind, wie Deleuze sagt: »populär, ohne Kompromisse«. Sie lassen sich nicht gängeln durch Textanmerkungen, Gebietsgrenzen und Fußnoten. Entweder gehen sie in die Füße und sind tanzbar, wie Nietzsche es fordert, oder eben nicht. Sie brauchen keine Geh- und Versteh-Hilfen, Filter und Widerstände, die die elektrische Spannung runterpegeln und neutralisieren. Ein einfaches »Was geht?« reicht, auch beim Lesen. Deleuze dazu:

> »Heute richtig zu lesen heißt dahin zu gelangen, mit einem Buch nicht anders umzugehen als mit einer Schallplatte, die man sich anhört, mit einem Film, einer Fernsehsendung, die man sich anschaut, einem Chanson, das man zuhörend zu verstehen sucht: Jede Einstellung zum Buch, die dem Leser einen besonderen Respekt abverlangt, eine andere Art von Aufmerksamkeit, ist obsolet. Begriffe sind wie Töne und Bilder – Intensitäten, die dir passen oder nicht, die passieren oder nicht.«

Ein Buch ist nicht per se besser als eine CD oder ein Bild. Der dem Buch abverlangte Respekt, die philosophischen Büchern zugesprochene Aura der Bedeutsamkeit und des Hehren führen zu unnötigen Ausgrenzungen. Philosophie hat dann nichts mehr zu tun mit unseren alltäglichen Handlungen, mit uns selbst. Sie bleibt ausgesperrt. Übrig bleibt bei vielen die Vorstellung: Könnte interessant sein, ist aber für mich viel zu schwer. Jeder Gedankenlinie zu folgen, die Begründungen nachzuvollziehen, das alles in jedem Detail und im Blick auf das Ganze noch zu verstehen, das kostet zuviel Zeit und ist für viele zu schwierig. Man läßt das philosophische Buch links liegen und schiebt lieber eine CD ein. Der Rhythmus gefällt uns vielleicht spontan, eine Zeile aus dem Refrain eines Tracks bleibt hängen, und die Worte kriechen unwillkürlich in unsere Empfindungen, verändern die Stimmung, Lieblingsstücke kristallisieren sich nach und nach heraus, die wir dann mehrmals hören wollen und so weiter ...

Wir kämen normalerweise nicht auf den Gedanken, sofort die musikalische Struktur verstehen zu müssen oder den Text genau herauszuhören. Aber beim Buch, vor allem bei einem philosophischen, soll das anders sein. Warum eigentlich? Wieso sollen wir es nicht so lesen, wie wir eine CD hören?

Entweder kommt was rüber oder nicht ...

Deleuze schätzte Edith Piaf, »die Art, wie sie auftritt, vor allem ihre Art, schief zu singen, durchweg die falsche Note zu treffen und diese richtig klingen zu lassen.«

Für Deleuze verweist dieser Gesangsstil auf die Chaostheorie, nach der ein aus dem Gleichgewicht geratenes, chaotisches System sich wieder in eine neue Struktur einpendelt. Piafs eigenwilliger Umgang mit Tönen, das Abweichen von der vermeintlich objektiv richtigen Tonlinie hat sie zur großen Chanteuse gemacht. Gerade diese Überschreitung der codierten Tonlinien macht für Deleuze Stil aus, und das nicht nur im Gesang.

Ein originärer Stil, sowohl in der Kunst als auch in der Kunst der Kunst, der Lebenskunst, entsteht dann, wenn wir uns mit dem Chaos anfreunden und chaotische Prozesse zulassen. Deleuze zitiert an dieser Stelle D. H. Lawrence:

> »Unablässig stellen die Menschen einen Schirm her, der ihnen Schutz bietet, auf dessen Unterseite sie ein Firmament zeichnen und ihre Konventionen und Meinungen schreiben; der Dichter, der Künstler aber macht einen Schlitz in diesen Schirm, er zerreißt sogar das Firmament, um ein wenig freies und windiges Chaos hereindringen zu lassen und in einem plötzlichen Lichtschein eine Vision zu rahmen, die durch den Schlitz erscheint.«

Genau dieses Schlitzen der Konventionen, diese aus dem Chaos entstandenen Abweichungen von den Begriffen, findet Deleuze auch bei den für ihn interessanten Philosophen. Erst diese Abweichungen und das Ausscheren geben der Philosophie den persönlichen Touch und das Neuartige. Deleuze besteht darauf:

Egal ob Philosophie, Musik, Malerei, Kunst, sei es ein populäres Lied oder sonst etwas, selbst beim Sport gilt dieselbe Frage: Was ist Neues und Persönliches darin?
Wenn auch die Philosophie für Deleuze ein Lied, eine Art Gesang ist, wie singen dann die Philosophen? Wie löst sich ein Philosoph von den eingefahrenen Begriffen der Tradition? Wie löst er sich von sich selber, von dem »Ich denke, also bin ich«, und wird ein anderer? Wie kommen der Philosoph und seine Begriffe ins Werden?
Das Wiederkäuen von Begriffen kann nur der Vorbereitung dienen. Das ewige Covern von Begriffen kann es noch nicht sein. Philosophieren heißt für Deleuze »Bildung, Erfindung, Herstellung von Begriffen«. Wie nehme ich als Nicht-Philosoph die philosophische Tradition auf, um auf meine eigene Weise Philosoph zu werden? Im besten Fall findet eine zweifache Verwandlung statt: die vom Nicht-Philosophen zum Philosophen und die Verwandlung der traditionellen Begriffe in neue. Diese Verwandlung zum Philosophen betrifft dann nicht nur das Wissen, sondern auch die Existenz. Philosophie wird zur Praxis, es geht um neue Existenzweisen, um die Sorge um sich selbst im antiken Sinn.

Tanzen wie Nietzsche oder springen wie Kierkegaard?

Für Deleuze sind Begriffe keine festgesetzten Entitäten. Sie sind rauh an den Rändern, und aufgrund dieser Porosität und Blättrigkeit kann man mit ihnen etwas machen, sie aus ihren Kontexten herauslösen und mit anderen verbinden. Begriffe sind »Schwingungszentren, und zwar jeder für sich und untereinander«. Wie für Camus und Nietzsche stehen auch für Deleuze Begriffe für Empfindungsgruppen, nur daß sie nicht »feststehen«, sondern in Bewegung sind, schwingen und Empfindungen entfalten. Es sind »Empfindungsbegriffe« beziehungsweise »Begriffsempfindungen«.

Jeder Denker, der den Namen verdient, ist bei Deleuze eine »Begriffsperson«, genauer gesagt eine Vielheit von dynamischen Begriffspersonen. Wenn Denken nicht in Begriffen erstarrt, sondern sie dynamisch und anschlußfähig hält, dann ist Denken nicht mehr nur ein mentaler Akt, sondern eine Athletik. »Athletik« nicht im Sinne eines harmlosen Denksports und auch keine Athletik, die sich in der Reflexion erschöpft, sondern eine, die uns selbst, unsere Haltung und unser Verhalten verändert.

> »Es gibt dynamische Merkmale: Wenn vorwärtsgehen, klettern, absteigen dynamische Elemente von Begriffspersonen sind, dann sind springen nach Art von Kierkegaard, tanzen wie Nietzsche, tauchen wie Melville weitere Merkmale für philosophische Athleten.«

So wie sich im Sport die Techniken und die Athletik entwickeln, so wie der Fosbury-Flop den Hochsprung und das Fiberglas den Stabhochsprung revolutionierte, so entwickelt sich auch die Athletik der Philosophie. Begriffe sind gemacht, und sie sind im Werden. In welche Philosophie klinke ich mich ein? Welche Philosophie kommt dem Appeal meiner Athletik entgegen? Was kann ich damit machen? Tanze ich mit Nietzsche, springe ich nach Art von Kierkegaard oder Camus, surfe ich mit Foucault und Deleuze, tauche mit Melville, turne mit Godard, oder fliege ich mit Schopenhauer?

Philosophische Athletik

Deleuze hat in seiner Jugend Tennis gespielt und später – neben Fußball – besonders diese Sportart im Fernsehen verfolgt. Auch beim Tennis geht es um Stil, um Spieler, die Neues schaffen oder nicht. Wie die schöpferischen Philosophen neue Begriffe schaf-

fen, entwickeln die Tennisspieler neue Schlag- und Spieltechniken.
Ivan Lendl ist für Deleuze eher mit einem philosophischen Traditionalisten zu vergleichen, der seine Vorhand vielleicht an Kants praktischer Vernunft geschult hat. Für Deleuze gehört Lendl nicht zu den Feuerköpfen im Tennis. Er hat zwar ganz oben mitgespielt, aber keinen eigenen Stil kreiert, hat sich zu sehr an schon existierenden Spielweisen orientiert. Er war kein Neuschöpfer, kein Spieler, der Schläge und Taktiken erfunden hat.
Björn Borg schon eher. Borg brachte seinen eigenen Stil mit, eine Mischung aus stoischem Grundlinienspiel und christlicher Performanz: »Als Figur reizvoll, der Heilandskopf, das christliche Gehabe, das extrem Weihevolle, was ihm auch derart viel Respekt von anderen Spielern einbrachte.« Deleuze zufolge hat er sich ständig verändert: »Sobald er einen Schlag beherrschte, hat er sich nicht mehr darum gekümmert. Sein Stil war sehr brüchig. Nur ein Depp bleibt bei den alten Sachen.«
Borg war kein Depp, war zu melancholisch, um den Ball einfach nur übers Netz zu dreschen, seine Spielweise war nach Deleuze »weit hinten auf dem Platz angelegt, die weiteste Rückzugsmöglichkeit, viel Spin im Schlag und die Bälle hoch über dem Netz. Jeder ›Prolet‹ konnte dieses Spiel verstehen, meistern nicht unbedingt. Die Grundzüge – Platztiefe, Spin, hohe Bälle – waren das genaue Gegenteil eines aristokratischen Spiels. Sie sind vielmehr populär. Welcher Anstrengung bedurfte es dazu, wie der Heiland, ein Aristokrat, der sich dem Volk zuwendet.«
Borgs Stil hat für Deleuze zur Proletarisierung des Tennis beigetragen. John McEnroe war der Anti-Borg, der Antichrist. Er besaß einen aristokratischen Tanzstil à la Nietzsche, und wenn er wütend war, zerschmetterte er seinen Schläger wie der Philosoph Ideologien mit dem Hammer. Deleuze über McEnroe:

»Ein reiner Aristokrat. Halb Ägypter, halb Russe: ägyptisches Servicespiel, russische Seele. Und er hat Schläge erfunden, von denen er wußte, daß ihnen niemand folgen kann. Er war ein Aristokrat, dem man nicht folgen konnte. Er hat einige gewaltige Bewegungen erfunden. Eine bestand darin, den Ball, äußerst seltsam, ohne ihn zu schlagen, einfach zu plazieren. Und er entwickelte eine Service-Volley-Bewegung, die bis dahin unbekannt war. Sowohl er als auch Borg veränderten alles.«

Philosophie als Theater

Solche Veränderungen wie im Tennis entstehen in der Philosophie, wenn die Begriffe brüchig werden, wenn der Philosoph seine Begriffsempfindungen anzapft und seine Begriffspersonen ins Spiel bringt: Nietzsche schickt »Zarathustra« auf die Bühne, dazu »Wanderer und sein Schatten«, »Antichrist«, »Seiltänzer«, »Dionysos«, und Camus seine absurden Helden, »Don Juan«, »Eroberer« und »Komödiant«. Philosophie wird dann zum Theater, neue Denkfiguren und Begriffspersonen verkörpern das in Bewegung geratene Themen- und Ideenpersonal der Philosophie. Und es beginnt die Tragödie oder Komödie des Selbst. Selbstsorge hinter den Kulissen der Philosophie. Philosophie als Psychodrama.
Auch Deleuze läßt in seinem Denken Begriffspersonen auftreten: Musiker, Sänger, Literaten, Schauspieler, Regisseure, Sportler. Er selbst gehört mit zum Ensemble, ist mitten unter ihnen als Hexe mit den langen Fingernägeln oder als Castaneda und Don Juan der Begriffe. Und Foucault schließt sich diesem Reigen an in seiner Deleuze-Inszenierung mit dem Titel »THEATRUM PHILOSOPHICUM«:

»Es ist nicht für irgendeine Zukunft zugesagt. In den Texten von Deleuze ist es da: (...) die Philosophie nicht als Denken sondern als Theater: auf vielfältigen, flüchtigen, augenblicklichen Bühnen, wo sich die Gesten, ohne sich zu sehen, Zeichen zuwerfen. Wo unter der Maske des Sokrates plötzlich der Sophist in Lachen ausbricht; wo die Modi SpinoZas einen ungezügelten Reigen tanzen, während die Substanz wie ein irrer Planet um sie herumrast; wo Fichte stotternd verkündet: ›Das unendliche Ich ist als endliches und teilbares Ich-Nichtig u.ndlich…ichteil… bar…‹; wo LeibniZ auf der Spitze der Pyramide angelangt im Dunkel erkennt, daß die Himmelsmusik der ›Pierrot lunaire‹ ist. Im Schilderhaus des Palais Luxembourg steckt Duns Scotus seinen Kopf zum Guckfenster hinaus; er trägt den gewaltigen Schnurrbart von NietZsche, der als Klossowski maskiert ist.«

Everybody must get stoned

Wenn es eine Bewegungsfigur bei Deleuze gibt, die des öfteren nach vorne tritt, an den Rand seiner inneren Bühne, dann ist es der Nomade. Der Nomade, der nach innen reist und mühelos die verschiedensten Landschaften und Territorien des Denkens erkundet. In »Mille plateaux«, neben dem »Anti-Ödipus« eines seiner Hauptwerke, das Deleuze zusammen mit Félix Guattari geschrieben hat – auch so eine mühelose Verkettung von Personen –, steht der Satz: »Ein wenig Gras und klares Wasser«. Ein Wahlspruch des Nomaden.

»Everybody must get stoned«, singt Bob Dylan alias Robert Zimmermann – auch einer mit dem großen »Z« im Namen und im Sound-ZickZack der Philosophie. Dylans »stoned« ist brüchig, mehrdeutig, die Bedeutung schwingt von Camus' Stein des Absurden über Gesteinigtwerden zum High der Hippies. Ein wenig Gras. Nicht zufällig ist Dylan der Sänger von Deleuze.

»Take what you have gathered by coincidence«, heißt es in einem anderen Song von Dylan.
Die Haltung des unbewaffneten Wahrnehmens der Dinge, das dem Zufall und dem Ereignis eine Chance gibt, ist in seinen Songs immer hörbar. Auch für Dylan ist der Nomade eine wichtige Bewegungsfigur. Kein Wunder, daß der Professor der Philosophie in Vincennes sich wünscht, zu philosophieren, wie Bob Dylan Songs zusammen-(Z)immert:

> »Professor, der ich bin, wünschte ich mir, einmal eine Vorlesung so halten zu können, wie Dylan einen Song komponiert. Das müßte wie bei ihm beginnen, auf einen Schlag, mit seiner Clownsmaske und jener Kunst, in der jedes Detail stimmt und doch improvisiert ist.«

Deleuze als Songwriter und Dylan als Philosoph. Dylan denken und Deleuze singen.

> »Ja, ich stehle Gedanken,
> aber bitte sehr, keine Seelen«,

zitiert Deleuze Dylan und kommentiert:

> »Er ist das Gegenteil von einem Plagiator, das Gegenteil aber auch von einem Meister oder Vorbild. Sehr lange Vorbereitung, doch ohne Methode, ohne Regeln und Rezepte. Vermählung und kein Paarverhältnis noch Ehestand. Einen Sack haben, in den ich all das stecke, was mir begegnet – vorausgesetzt, ich werde selber in einen Sack gesteckt. Finden, begegnen, stehlen statt regeln, statt wieder- und anerkennen.«

Professor Dylan wird zur Begriffsperson von Deleuze, Dylan/Deleuze werden in einen Sack gesteckt. Die Grundzüge der deleuzianischen Philosophie, die zur Handlung und Haltung drängt und in ihrem Stil schon Teil dieser Verwandlung ist, sind auch in diesem Zitat-Passus aus Dylans »Outlined Epitaphs« zu finden, die Deleuze seinen Beschreibungen von Dylans Stil voranstellt:

»Ein Wort, eine Melodie, eine Story, ein Satz,
Schlüssel im Wind, die meine Gedanken aufschließen
und den eingezwängten Gedanken einen Luftzug vom
Hinterhof bescheren«,

doziert Prof. Dylan in der imaginären Deleuze-Vorlesung. Gedanken aufschließen, Begriffe porös werden lassen, Denktüren öffnen und neue Verkettungen erzeugen, den Kopf durchlüften mit einem Luftzug aus dem Hinterhof. Und weiter Prof. Dylan:

»Ich darf nicht dasitzen und grübeln
und nachdenken und die Zeit damit verschwenden,
daß ich mir Gedanken ausdenke, die noch nicht gedacht
sind ...
Nein, ich muß reagieren und schnell parieren
mit Worten als Waffen
gekleidet in Melodien,
die durch die Jahre herüberklingen
und meinen Ehrgeiz kitzeln, sie recht zu verwenden,
sie neu zu formen, mit neuen Harmonien,
um meine Welt zu schützen
vor den Mäulern all derer,
die sie fressen wollen
und ihr ihre eigene Nahrung nicht gönnen.«

Nicht *raus*gehen aus dem Empfindungsraum der Begriffe, sondern *rein*denken in die »Begriffsempfindungen«, nicht grübeln, nichts *aus*denken, sondern *dran*bleiben, rät Prof. Dylan. Von innen, aus den Schwingungszentren der Begriffe heraus, entwickeln sich Resonanzen und Ideen, die noch nicht aufgeschrieben sind, aber es entwickelt sich auch der ganz persönliche Schreib- und Lebensstil.

»Es ging mir nicht darum
was Leute wissen
sondern darum, was Leute empfinden ...
Ich schlug einen anderen Weg ein ...
Und auf diesem Weg bin ich immer noch ...
wo mir keine Landesgrenzen in die Quere kommen
und Wissen nichts zählt
wo Gefühle verletzt werden
und ich bin auf der Seite der verletzten Gefühle
die von gefühllosen Hämmern geschlagen werden
und bluten durchbohrt von rostigen Nägeln
und ich frage dich, Jim
wo ist die Partei für diese Art der Gefühle?«

Wie Nietzsche, wie Camus bewegt sich Dylan im Resonanzraum der Empfindungen. Dort, wo Empfindungen Tonzeichen werden und Melodien bilden, dort, wo Verwandlungsprozesse stattfinden können, dort, wo etwas passiert und rüberkommt.

Using ideas as my maps ...

Wie Deleuze, der die individuelle Kartographie gegenüber der Kopie von Ideen favorisiert (»Karten, nicht Kopien machen«), benutzt Dylan Ideen als eigene Landkarten (»using ideas as my maps«, »My back pages«) und reist in und mit seinen Songs (»From New Orleans to Jerusalem«, »Blind Willie McTell«) rund um die Welt. Dylan, der Nomade der Songlines, ist seit 20 Jahren auf seiner »Never ending«-Tour. Man könnte sich ihn ebensogut als wandernden Rhapsoden der Lebenskunst im alten Griechenland vorstellen. Auch die antiken Philosophen der Selbstsorge, die teilweise umherwandernd lebten und lehrten, kultivierten eine Askese der Affekte. Theoretisches Wissen interessierte sie nicht. Sie wollten nicht wissen, was Zorn ist, sondern wie man lernt, diesen im Blick auf andere verletzenden Affekt zu zügeln und zu beherrschen.

Ein empfindungs- und handlungsorientiertes Wissen stellt keine abstrakten Regeln auf, sondern ist auf den jeweils konkreten Fall bezogen. Dylans Songwriting ist in diesem Sinne regellos. Es folgt keiner Theorie, während der Songwriter selbst sehr genau den Landkarten der Seele folgt (»roadmaps for the soul«, »Tombstone Blues«). Die sind darauf angelegt, den Schmerz, das Schuldgefühl und dic richterliche Gewalt zu lindern, die abstrakte Regeln und Gesetze im Individuum erzeugen können.

»I wish I could write you a melody so plain / That could hold you dear lady from going insane / That could ease you and cool you and cease the pain / Of your useless and pointless knowledge« (»Ich wünschte, ich könnte dir eine ganz schlichte Melodie schreiben, die dir helfen würde, liebe Lady, nicht verrückt zu werden, die dich erleichtern und besänftigen und den Schmerz deines nutzlosen und sinnlosen Wissens lindern würde«),

heißt es in dem Song »Tombstone Blues«. Dylan will keine Regeln, keine moralischen Imperative formulieren. Er spricht nicht für andere im Namen einer Universalität, sondern nur für sich. Er ist kein Meister.

»Although the masters make the rules / for the wise men and the fools / I've got nothing, Ma, to live up to.«
(»Wenn auch die Meister die Regeln aufstellen / Für die Weisen und die Narren / Ich hab' nichts, Ma, was ich mir beweisen müßte.« (»It's alright, Ma (I'm only bleeding)«).

Das Schlimmste, was einem Denker widerfahren kann, ist, für andere sprechen zu müssen, Meister eines nutzlosen Wissens zu sein.

Deshalb hat sich Dylan auf dem Höhepunkt seiner Karriere zurückgezogen. Man hat versucht, ihn zu vereinnahmen, indem man ihn zum Meister und Star, zur Stimme Amerikas, zur Stimme der Protestbewegung machen wollte. Dem hat er sich bis heute entzogen.

Bloß kein Star werden, bloß nicht in die Falle der Repräsentation gehen, ruft uns auch Deleuze zu. Das glatte Bild, was sie sich von dir machen, wirst du so schnell nicht mehr los. »Bleib in Deckung, mach dein Ding.«

Das macht Dylan, er tourt ständig rund um die Welt, gibt Konzerte, in denen er seine Songs in Bewegung hält, immer anders spielt und phrasiert, als das Publikum es von ihm erwartet. Er gibt dem Publikum nicht das, was es von ihm wünscht, denn er weiß: Das ist es nicht. Er verändert seine Songs, und seine Songs verändern ihn. Bob Dylan ist ein lebendiges Beispiel für einen Ethos der Existenz. Und für Pop im deleuzianischen Sinn: populär sein, ohne Kompromisse.

Deleuze zitiert weiter aus der virtuellen Vorlesung des Prof. Dylan:

»Ich darf ...
mich nicht aufhalten mit den neuen Regeln
Denn sie sind noch nicht aufgestellt
Und meine singenden Gedanken hinausschreien
In der Gewißheit, daß ich und meinesgleichen
Es sein werden, die diese Regeln aufstellen ...
Wenn die Menschen von morgen
Wirklich die Regeln von heute brauchen
Dann kommt her, Ihr Staatsanwälte!

Denn die Welt ist ein Gerichtssaal
Ja
Aber ich kenne die Angeklagten besser als ihr
Und während ihr euch in die Strafverfolgung reinkniet
Sind wir eifrig am Pfeifen
Und Reinemachen im Gerichtsgebäude
Wir kehren und fegen
Lauschen und horchen
Zwinkern uns gegenseitig zu
Seht euch vor
Seht euch vor
Bald seid ihr an der Reihe.«

»Gericht« ist Metapher und Realität zugleich. Der Begriff charakterisiert eine Denkweise und gleichzeitig ein Machtinstrument, dem es sich zu entziehen gilt. Deleuze zu den Dylan-Zeilen:

> »Das Wunderbare, Hochmütige, aber auch Bescheidene in diesem Text ist offenkundig. Es sagt alles (...) Richten ist ein Handwerk. Richten heißt auch der Gebrauch, den manche vom Schreiben machen. Lieber Straßenkehrer als Richter sein. Je mehr man sich im Leben selber getäuscht hat, um so lieber und ausgiebiger erteilt man anderen Lektionen (...) Es gibt eine ganze Rasse von Richtern. Und die Geistesgeschichte, die Geschichte des Denkens, verschmilzt mehr und mehr mit der eines Tribunals – man beruft sich auf einen Gerichtshof der reinen Vernunft oder des reinen Glaubens (...) Deshalb sprechen so viele so leichtzüngig im Namen und an der Stelle der anderen, wissen sie überall flink Fragen zu stellen und Fragen zu beantworten.«

Deleuze wie Dylan nehmen nicht teil an solchen Diskussionen. Dylan, der kaum ein Interview gibt, würde schon gar nicht über allgemeine Regeln und Werte diskutieren. Deleuze lehnt das auch unmißverständlich ab:

> »Diejenigen, die kritisieren, ohne zu erschaffen, die sich mit der Verteidigung des Erschöpften begnügen: sie sind das Wundmal der Philosophie. Sie sind vom Ressentiment getrieben, all diese Diskutierer, diese Kommunizierer. Sie sprechen nur von sich selbst, indem sie hohle Allgemeinheiten gegeneinanderhetzen. Diskussionen sind der Philosophie ein Greuel.«

»Richter« ist eine philosophische »Begriffsperson«, deren Funktion einer Philosophie der Lebenspraxis diametral entgegengesetzt wäre. In der Sorge um sich selbst ist der innere Richter genau die Figur, die es zuallererst zu überwinden gilt. In seiner Geste des Urteilens und in seinem Zwang zur Regel würde er versuchen, aus der Lebenskunst einen Gerichtssaal zu machen. Er würde sich nicht in die Praxis der Selbstsorge begeben, sondern von außen in einer moralinen Position verharren, um immer nur, sozusagen als Oberaufseher der Lebenskunst, zu kontrollieren, ob nach seiner Lehre des guten Lebens gelebt wird. Er ist die typische Besserwisserfigur, die immer nur die anderen im Blick hat, selbst aber meilenweit davon entfernt ist, Dichter des Lebens zu sein. Ein solcher Richter der Lebenskunst ist die denkbar unpoetischste Bewegungsfigur. Davon, was der »Ethos« sein könnte, davon haben solche Figuren keinen blassen Schimmer.

»Gerichtsbarkeit und Richtigkeit sind höchst fragwürdige Ideen«, so Deleuze weiter in seinem Dylan-Kommentar, »ihnen ist die Formel Godards entgegenzuhalten: ›pas une juste image, juste une image‹. Wie bei einem Film oder einem Lied hat das Geltung auch in der Philosophie: ›pas d'idées justes, juste idées‹.«

Keine richtigen Ideen, einfach Ideen. Einfach Ideen ... Ideen, »real, ohne aktuell zu sein, ideal, ohne abstrakt zu sein.« ... Pop-Analyse ... Pop-Ideen. Mit Ideen, befreit aus den Gefängnissen der inneren Richter, kann man was machen. Sie werden, wie Deleuze sagt, zu »Rhizomen«, zu wurzelartigen Verbindungen und zu Landkarten, die es nomadisch zu bereisen und zu kartographieren gilt. »Using ideas as my maps«, wie Dylan sagt.

Dignity

Dylan folgt dieser nomadischen Bewegung sowohl auf seiner »Never ending«-Tour als auch beim Songwriting. In seiner Autobiographie schreibt er über die Entstehung des Songs »Dignity«: »Liebe, Angst, Haß, Glück – alles ganz unmißverständlich und mit unzähligen subtilen Verzweigungen. So ist dieser Song. Eine Zeile zieht die nächste nach sich, wie wenn man den linken Fuß nach vorne setzt und der rechte nachfolgt.(...) An diesen Song würde ich mich immer erinnern. Der Wind konnte ihn mir nicht mehr aus dem Kopf wehen.«

Der nomadische Bewegungsbegriff des »Drifters« taucht in vielen Songs von Dylan auf. Stil und Inhalt überlagern sich bei ihm, sind nicht mehr zu trennen. Das gleiche gilt für Deleuze. Ihm, an den modernen Sportarten orientiert, läßt sich der Bewegungsbegriff »Surfer« zuordnen:

> »Wenn unsere Sportarten heute dabei sind, sich völlig zu verändern, wenn an die Stelle der alten energieerzeugenden Aktivitäten Übungen treten, die sich ganz im Gegenteil in bestehende Energiebündel einfügen, dann handelt es sich nicht nur um eine Mutation des Typs, es sind noch andere

dynamische Merkmale, die in ein Denken eindringen, das mit neuartigen Seinsstoffen, Welle oder Schnee ›gleitet‹, und aus dem Denker eine Art Surfer als Begriffsperson machen.«
Deleuze der Surfer, Dylan der Drifter – das ist *ein* Sound, aus verschiedenen Tönen erzeugt. Der Surfer, der sich einer vorhandenen Bewegung anpaßt, der mit präzisem Timing im richtigen Moment den Peak der Welle trifft, um sich von ihr treiben und tragen zu lassen, und der Drifter, der dem »jingle-jangle morning« folgt und die kleinen Dinge sich ereignen läßt, um sie im Kling-Klang der Töne wiederholen zu lassen. In beiden Bewegungsformen kommen eine Seinsweise und der Respekt vor dem Werden zum Ausdruck. Philosophie als Gesang, Gesang als Philosophie.
Dylan denken und mit Deleuze Musik machen. »Mille plateaux« nennt sich ein Plattenlabel in Frankfurt nach dem Hauptwerk von Deleuze und vertreibt deleuzianische Musik: Techno, rhizomatische Tracks, ein Wurzel- und Netzwerk aus Klang, in dem jedes Sample im Ineinandergleiten sein eigenes Zentrum behält. Mit »Dylan denken« hat Deleuze den Anfang gemacht. Beide sind dem Bewegungsbegriff »Richter« entronnen, und sie sind keine Meister geworden. Sie liefern keinen Stoff für abstrakte Regeln: nicht für die Richter und nicht für die Narren, die sich gerne richten lassen. »Wise men lookin' in a blade of grass ... for dignity« (»Dignity«).
Ein wenig Gras und klares Wasser. Deleuze und Dylan haben nie aufgehört mit der Suche nach »Würde«. Ein Ethos der Existenz spiegelt sich in ihrem Leben. Dylan ist dem blöden »Starsearch« aus dem Weg gegangen und mit Würde an seiner Musik gewachsen, Deleuze dem Erstarren in Begriffen und dem würdelosen Verenden an einer schweren Krankheit durch Selbstmord. Beide haben nie aufgehört, die Kindheit gegen ein würdeloses Erwachsenenleben zu verteidigen. Sie geben uns ein Beispiel, wie

wir diesseits einer hohlen Zeichensprache unseren eigenen Sound finden können.

»Sign language« heißt ein Song von Dylan, entstanden bei den Aufnahmen zu »Desire«, der dann aber auf einer Platte von Eric Clapton erschienen ist:

»You speak to me
In sign language
As I'm eating a sandwich
In a small café
At a quarter to three
But I can't respond to your sign language
You taking advantage
Bringing me down
Can you make any sound?«

Deleuzes Vitamine:

Vitamin A: Dylan hören.
Zum Beispiel »Blind Willie McTell«, Dylans Reise von New Orleans nach Jerusalem mit dem Refrain: »Nobody can sing the blues like blind Willie McTell«.

Vitamin B: Dylan denken.

Vitamin C: Sich beim Lesen darin üben, nicht immer alles zu verstehen.
»Es ist zu lehren, wie man nicht versteht«, sagt die Mystikerin Teresa von Ávila. Alles sofort verstehen zu wollen, ist der Wille unserer inneren Richter. Sie wollen nicht, daß etwas rüberkommt.

Vitamin D: Deleuze Samples, die für dich rüberkommen, auf CD brennen und immer wieder hören, wie Lieblingssongs. Sätze wie: »Das Werden nicht stören«.
In der antiken Selbstsorge war das Aufschreiben solcher guten und hilfreichen Sätze, die man gehört oder gelesen hat, eine Übung, um sich mit ihnen für bestimmte Lebenssituationen zu

wappnen. Lehrsätze, Lebensregeln, Maximen, Sinnsprüche, die man gehört oder gelesen hat, »müssen griffbereit sein, man muß sie gleichsam in den Muskeln haben«, so daß man sie unmittelbar, ohne Aufschub, ganz automatisch parat hat und sie die Seele schützen, wenn Kummer, Trauer, Unfälle etc. uns anfallen. Das ist das innere Rüstzeug für alle Wechselfälle des Lebens: Wenn die Maximen und Leitsätze zu Verhaltensgrundsätzen verinnerlicht sind, wenn sie zur gelebten Haltung (aus »logos« wird »ethos«), zur Seinsweise und Lebensform geworden sind.

Vitamin E: Laß dich treiben!
Philosophie als Surfen und Driften. Laß dich treiben von der Drift deiner Gedanken. Freunde dich mit dem Chaos an, laß das Chaos zu. Denke nomadisch. Sei einsam, aber scheue die Begegnung nicht. Laß dich von anderen, die auf deiner Wellenlänge liegen, bevölkern.

Hannah Arendt

Ethos und Poesie

Denken kann sich in unterschiedlichen Wissensmodi ereignen. Der eine ist schmückend und kennzeichnend für die Kultur einer Bildung, die nichts anderes mehr zu tun hat, als sich weiter mit Wissen zu schmücken. Die andere Art des Wissens ist ein seinsveränderndes Wissen, das derjenige braucht, dessen Lebensziel es ist, sein Selbst zu bilden.
Man muß nur sehen, wie Hannah Arendt in dem berühmten Interview mit Günter Gaus die Zigarette hält, und ihre feste, sonore Stimme hören, um sofort zu spüren, daß ihr Denken sich im Modus der Selbstbildung bewegt. Sie denkt »ethopoietisch«.
»Wir fangen etwas an. Wir schlagen unseren Faden in ein Netz der Beziehungen. Was daraus wird, wissen wir nie. Wir sind alle darauf angewiesen zu sagen: ›Herr, vergib ihnen, was sie tun, denn sie wissen nicht, was sie tun.‹ Das gilt für alles Handeln, einfach ganz konkret, weil man es nicht wissen kann«, sagt sie in diesem Fernsehinterview.

I forgot that love existed ...

Handeln ist Hannah Arendts Thema. »Am Anfang des Handelns«, sagt sie, »ist die Unruhe, der Zwiespalt.« Ein innerer Taumel verschiedener Empfindungen und Gedanken.
Dieses Gewahrwerden der eigenen Schwäche gegenüber dem Notwendigen ist der Anfang der Philosophie. Genauso wie wir die Waage erfinden, um mit Gewichten, und das Lineal, um mit Graden und Krummen umzugehen, suchen wir einen Maßstab

für unser Handeln. Wir wissen nicht, was wir tun! Es kann auch nicht nur die abwägende Vernunft sein, die uns zum richtigen Handeln anleitet, denn es gibt genug Beispiele bloßer Mundphilosophie, die in der Praxis kläglich versagt. Reflexion und Rückzug, die Vita contemplativa, sind wichtig, aber nicht alles. Die Vita activa, eine Schulung des Willens beim Arbeiten, Herstellen und Handeln, während des tätigen Lebens, muß hinzukommen. Beides muß eingeübt werden. Und das Einüben der Handlungen ist um so wirkungsvoller, je mehr Bereiche des Menschlichen daran beteiligt sind. Wichtig ist der Bezug auch auf unsere Stimmungen, auf die Signale unseres Körpers. Und selbst das Nichtstun, das schwierigste Tun für den Homo Faber, den sich über seine Arbeit definierenden Menschen der Moderne, wie sie sagt, muß eingeübt werden.

... trouble in my mind ...

Hannah Arendt betont immer wieder, daß wir das Nachdenken in diesen Dingen üben müssen, daß es aber nicht etwas ist, was gelehrt werden kann, weil in neuen Situationen, wo vielleicht alle anderer Meinung sind, wir nicht ohne weiteres ein ethisches Urteil fällen können. Wir müssen dann, auf uns selber gestellt, unsere eigenen Stimmungen prüfen können. Wir müssen in der Lage sein, im Urteil geübt zu sein.

Dafür ist es erforderlich, nicht nur auf einem Seelenvermögen zu arbeiten, also nicht nur die Philosophie zu trainieren, sondern, um es mit Hölderlin zu sagen, den Rhythmus, die Poesie, den Einfallsreichtum zu üben, etwas, was alle Seelenvermögen miteinander verbinden kann.

Von Einbildungskraft, Rhythmus und Poesie spürt Hannah Arendt nichts, als sie 1961 für die Zeitschrift »New Yorker« den Eichmann-Prozeß in Jerusalem beobachtet.
Wie »eine Sprechmaschine, ohne Bezug auf sich selbst und ohne die Fähigkeit, Dinge vom Gesichtspunkt eines anderen her zu betrachten«, beschreibt sie Eichmann. Das Böse, nicht dämonisch und triebhaft, sondern banal, realitätsfern, gedankenlos. Bei Adolf Eichmann, dem »Spediteur des Todes«, der minutiös den Transport von Millionen Juden in die Vernichtungslager organisierte, hat sich der »schmückende« Wissensmodus in die äußerste Abstraktion gedreht. Alles und jedes aus der Tradition kann man sich dann überhängen, um sein Handeln zu legitimieren: Kants Pflichterfüllung oder Nietzsches Übermensch. Nichts davon ist durchdrungen, in Empfindungen transformiert, in Gefühle übersetzt oder im Körper rhythmisiert. Nietzsches »Sind das noch Menschen – oder nur Sprech-, Rede- und Denkmaschinen?« hört man in Hannah Arendts Beschreibungen des Eichmannschen Gestus nachklingen.
»Alle Trugschlüße des Denkens treten im ›bios theoretikos‹ hervor«, schreibt sie in ihrem Denktagebuch, »wenn er zur Lebensweise geworden ist.«
Die Lebensweise ist der Beweis für das richtige Denken. Hannah Arendt mußte oft lachen beim Lesen der Eichmann-Protokolle, und man könnte weiter lachen, daß gerade diese Höllenhunde von »ethos«, von »Haltung« gesprochen haben. Denn das ist wieder dieses instrumentelle Wissen, dieser unbändige Wille zum Wissen und zur Macht, mit dem die Nazis von »Haltung« sprachen. Es ist die Ratio und das Ethos von Massenmördern, ein Wissensmodus und eine Lebenshaltung, eingesetzt zur bürokratisch genauen und industriell effizienten

Lebensvernichtung. Und wenn wir diesen Wissenstypus arrogant verlachen, bewegen wir uns schnell im selben Wissensmodus ...

... worried all the time ...

Woher hat Hannah Arendt diese Ausstrahlung, die keinen Zweifel läßt, daß sie nur eine Sekunde anfällig wäre für diesen autophoben und vorwiegend von Männern kultivierten Wissensmodus? Von Heidegger, dessen Geliebte sie eine Zeitlang war, sicher nicht. Vielleicht von Jaspers, dessen Schülerin sie war? Oder müssen wir 2500 Jahre zurückgehen zu Diotima, die schon Sokrates auf die Spur des anderen Wissensmodus gebracht hat? Den eines seinsverändernden Wissens und jener Sorge um sich selbst, in der die Trugschlüsse des Theoretischen in der Lebensweise hervortreten.

Vielleicht hat Hannah Arendt durch diesen dionysischen Diotima-Anschluß einen Vorsprung, von dem wir noch lernen können. Sie hat das schließende Denken kritisiert, weil es, nur von einem Axiom ausgehend, die ganze Welt deuten will und dabei natürlich die Welt verliert. Sie hat das Denken als ein Ersterben beschrieben, bei dem man praktisch aus der Körperlichkeit verschwindet. Man kann das auf unterschiedliche Weise verstehen: als Abtauchen in die reine Rationalität, aber auch als etwas, was mit Liebe und Hingabe zu tun hat. Es läßt sich nicht auf eine dieser Seiten fixieren, sondern vielleicht so sehen, daß Hannah Arendt einen politischen Raum gewünscht hat, in dem all dies zum Tragen kommt. Einen öffentlichen Raum, in dem das tätige Leben nicht auf Arbeit und Konsum reduziert ist, wo Kommunikation nicht nur Mitteilung ist, sondern auch Verzeihen und Versprechen, wo alle Emotionen zum Ausdruck kommen, wo die Liebe als Poesie auch zur Darstellung kommt. In diesem politischen Raum kann sich ein Urteil entwickeln, das nicht nur schließendes Folgern ist.

... Sokrates und Plato they praised it to the skies ...

Hannah Arendt besaß die Gabe, poetisch zu denken. Ihr philosophisches Vitamin lautet: »Wenn das Herz denkt und der Kopf fühlt«, dann öffnen wir einen Raum des Realen, in dem es sich zu leben lohnt.

> ... if my heart could do my thinking
> and my head begin to feel
> I look upon the world anew
> and know what's truely real ...
> what's truely real ... truely real.
>
> (Van Morrison)

Hannah Arendts Vitamine:

Vitamin A: Mit dem Herzen denken und mit dem Kopf fühlen!

Vitamin B: Schließ mit dir einen Erprobungsvertrag ab!
Zum Beispiel zur Bekämpfung des Zorns, indem du dich verpflichtest, für zwei, vier Tage usw. nicht zornig zu sein und Langmut zu gewinnen. Oder schließe einen Deal mit dir selbst darüber, nicht ungerecht zu sein. Wer gewinnt, dein Zorn oder du?

Michel Foucault

The next voice you hear ...

»Trödeln scheint eine Existenzweise von mir zu sein«, gesteht Prof. Foucault seinen Studenten an der Elite-Uni, dem Collège de France in Paris, wenn er sich wieder einmal verkalkuliert hat mit der Zeit und dem Stoff. Im Reden und Denken ist er schnell, beim Recherchieren trödelt er; er läßt sich Zeit, sitzt in obskuren Archiven über noch obskureren Texten, wälzt Polizeiberichte, studiert Gerichts- und Psychiatrieakten.

Archivar und Cutter

»Ein neuer Archivar ist in der Stadt berufen worden«, schreibt der befreundete Philosoph Gilles Deleuze über Foucault. »Archivar«, diese Bezeichnung hätte ihm auch gefallen. Foucault, dem weder Image und Appeal des Philosophen paßte noch das des Soziologen oder Historikers, wollte Journalist sein, »radikaler Journalist«. Radikal deshalb, weil er das Zurechtmachen von Informationen im Blick auf Quoten langweilig findet. Er ist neugierig auf das Andere. Auf das, was er noch nicht weiß, auf Informationen, die ihn verändern.

»Was ist die Philosophie heute – ich meine die philosophische Aktivität –, wenn nicht die kritische Arbeit des Denkens an sich selber? Und wenn sie nicht, statt zu rechtfertigen, was man schon weiß, in der Anstrengung liegt, zu wissen, wie und wieweit es möglich wäre, anders zu denken?«, schreibt er im Vorwort zu seiner Spätschrift »Der Gebrauch der Lüste«. Trödeln mit Lust und Neugier auf das Andere, auf das, was er noch nicht weiß, das ist die Existenzweise von Michel Foucault.

Als Archivar will er nicht nur Texte sammeln, auflisten und verstehen, sondern sein gefundenes Material schneiden. »Denn Wissen dient nicht dem Verstehen«, schreibt der Genealoge des Wissens, »sondern dem Zerschneiden.« Der trödelnde Archivar ist ein Cutter. Er schneidet das Material. An den Schnittflächen der Geschichte setzen seine Analysen an.

Schnitt.

Der Archivar und Cutter wird fündig. Foucault hört in den obskuren Texten, für die er sich Zeit nimmt, die Stimmen der Armen, der Müßiggänger, der Bettler, der Vagabunden. Hinzu kommen noch die Lüstlinge, die Geschlechtskranken, die Wüstlinge und die Homosexuellen, die anormalen und die infamen Menschen, Seite an Seite mit den Wahnsinnigen, die sich hinter den Mauern der Hospitale und Zuchthäuser wiederfinden. Foucault hört im Schnitt die Stimme des Anderen, die Stimme einer anderen Vernunft.

Als Schwuler, zu einer Zeit, in der das Coming-out noch nicht in Mode war, erfährt er, was es heißt, anders zu sein. Anders sein, anders denken, anders leben ist von Anfang an sein Thema. Foucault ist auf der Suche nach einem Außen. Wie kann man dem eigenen eingefahrenen Denken und – was noch schwieriger ist – dem eigenen durch Gewohnheiten eingeübten Verhalten entkommen? Wie kann man den Mächten der Gesellschaft widerstehen, die uns immer feiner überwachen und immer subtiler, unsichtbarer, anonymer modulieren?

Traditionelle theoretische Kritik kann es nicht mehr sein. Das wird ihm durch seine Analysen schnell klar. Theoretische Kritik arbeitet den Mächten, die schon an ihr klüger geworden sind, weiter in die Hand. Mit jeder Kritik, die man gegen sie formuliert, werden sie intelligenter und schneller in der Vereinnahmung der Kritik. Die Musik, die in den 60er Jahren antrat, die Verhältnisse zum Tanzen zu bringen, säuselt heute in Supermärkten zur Konsummaximierung aus dem hauseigenen Soundsystem. Die Macher, die Manager der Macht, sind heute längst »gesloterdijkt« und ziehen ihr Ding hipper durch in Kenntnis der »Kritik der zynischen Vernunft«. Ideologiekritischen Anwürfen begegnen sie mit einem milden Lächeln, ein bißchen Selbstaufklärung und dem Hinweis auf die Sach- und Systemzwänge; sie können eleganter rechtfertigen, was sie tun und wissen.

Foucaults Machtanalysen differenzieren sich schon sehr früh an diesen Mechanismen der Macht. Macht wird bei ihm im Plural geschrieben. »Mächte«, weil sie nicht mehr verort- und personifizierbar und längst nicht mehr mit »repressiv« zu charakterisieren sind. Ihr komplexes Management hat den Subjektgedanken, das Herrsein im eigenen Hause, schneller ausgehöhlt als die Theorien der dekonstruktivistischen Kritik. Der Druck der Märkte erfordert die Fähigkeit zur Mimikry an den Machtspitzen. Persönliche Körnung stört beim schnellen Reagierenmüssen auf die Metamorphosen des Marktes, Personen mit Eigenschaften hemmen den Marktfluß. Gebraucht werden flexible Medienmenschen, die darauf trainiert sind, den Marktwandel zu bedienen.

Die Beherrschung der Anforderungen von außen verbraucht jedoch die Energien, die zur Selbstbeherrschung nötig wären. Distanz und Verneinung, für Freud noch die größten Kulturerrungenschaften, sind fehl am Platz. Wer in Machtpositionen den technischen Wandel verneint, hat das Nachsehen. Die Geschichte überholt ihn einfach. Wer zu lange an alten Vertriebssystemen klebt, wird mit Markteinbußen bestraft. Technik- und Marktmächte kennen kein Pardon. The beat must go on!

Schnitt.

Foucault spricht von hochkomplexen Macht- und Wissenssystemen, in denen der sogenannte »Mensch« nur ein Effekt ist, z. B. im Diskurs der »Humanwissenschaften« seit dem 17. Jahrhundert. Dieser Diskurseffekt, diese humanwissenschaftliche Sichtweise des Menschen wird sich in einer anderen Ordnung des Wissens auch wieder verändern, weswegen »der Mensch verschwindet wie am Meeresufer ein Gesicht im Sand.« Dieser Satz von Foucault gab zu vielen Mißverständnissen Anlaß. Vom »Tod des Menschen« war sogar bei einigen Kritikern die Rede. Dabei zielt dieser Satz auf die Metamorphosen des Menschlichen, auf die permanente Wandelbarkeit der Vorstellungen vom Humanen und auf das Werden des Menschen. Foucault wird nicht müde, in den Archiven Belege für die Transformationen des Menschlichen zu sammeln. Im historischen Querschnitt stellen sich Bezüge ein, die ein neues Licht auf die Geschichte des Menschen werfen. Verdeckte Traditionen werden sichtbar, die im Kontrast mit dem Tradierten neue Fragen ergeben.

Wie kommt es beispielsweise, daß eine so wichtige Kulturtechnik der griechisch-römischen Antike wie die praktische philosophische Selbstbildung und Therapeutik auf Kosten der Theoretisierung der Philosophie in Vergessenheit gerät? Welche Schlüsse lassen sich aus dem gleichzeitigen Entstehen der Polizei, der Klinik und des Gefängnisses im 18. Jahrhundert ziehen? Macht die Verfeinerung der Theorie den Menschen im Handeln besser? Behandeln die Institutionen Polizei und Gefängnis den Kriminellen, die Klinik den Wahnsinnigen humaner? Oder gleitet da nur etwas vom Regen in die Traufe, von »irre« zu »geisteskrank«, vom »Strafen« zum »Überwachen«?

Es sind gefährliche Fragezeichen, die Michel Foucault mit seinem Archiv an den Fortschrittsglauben der »big science« heftet, gefährliche Vielleichts, die alles auch anders, aus einer anderen Perspektive sehen lernen.

Der melancholische Diskurs-King entdeckt die Selbstsorge

Theoretisierung ist der Hot Spot der Analysen Foucaults. Der fleißige Archivar mit dem unbändigen Willen zum Wissen, der über Jahrzehnte selbst nur Theorie dachte, sein Archiv ausweitete, jeder feinsten Verschiebung im Wissen über den Menschen, er nennt das »Diskurs«, nachspürte, entdeckt gegen Ende seines Lebens die Verstellungen und Fallen der Theorie. Der Diskurs-King hatte seine Magazine gefüllt mit Wissen, als er plötzlich heimgesucht wurde von Hamletscher Melancholie. Wieso sind wir trotz des Wissens immer noch Barbaren? Was in den Netzen seiner Analysen der Macht hängenbleibt, wirkt zurück auf seine Rolle als Analytiker der Macht. Worte, Worte, Worte, Wissen, Wissen, Wissen. »Wozu?«, fragt Hamlet/Foucault/Faust, »habe nun, ach! Philosophie ...«

Schnitt.

Das ist eine überraschende Kehre im Denken des Diskurs-Kings! Foucault ist am heißen Tellerrand der Philosophie, an dem Punkt, an dem die Philosophie als Theorie endet und das Leben beginnt. Dort, wo die meisten Philosophen und Theoretiker unschlüssig auf- und ablaufen (»Diskurs« heißt Hin- und Herlaufen), um dann doch wieder zur Theorie zurückzukehren, wagt Foucault den Sprung. Und da er sich den Sprung nicht nur vorstellt, sondern wirklich springt, fällt er nicht in den Abgrund des Wissens zurück, sondern landet im Leben. Sein Fokus ver-

schiebt sich. Praxis, Übung, Erfahrung rücken in sein Blickfeld. Die »Sorge um sich selbst« ist nun sein großes Thema. Es geht um die Basics des Lebens: Sex, Selbstbeherrschung, Aufrichtigkeit und die innere Ruhe. Im Archiv der römischen Antike, bei Autoren wie Epiktet, Epikur, Marc Aurel, Plutarch und Seneca, aber auch schon bei Platon macht er die Entdeckung.
Philosophie ist nicht nur Erkenntniswissen, nicht bloß Kapieren von Kategorien und Verstehen von komplexen Gedankensystemen, sondern auch und vor allem eine Übung im Sich-verändern. »Sorge um sich selbst«, so betitelten römisch-antike Philosophen im 1. und 2. Jahrhundert n. Chr. ein Ensemble von geistigen Übungen zur Persönlichkeitsveränderung und Selbstbildung. Ihr philosophischer Deal war ein anderer als der heutige, und sie verstanden unter Philosophieren etwas anderes als wir heute. Nicht derjenige, der Informationen anhäuft und – in welchem Medium auch immer – elegant prozessiert, ist auf dem Königsweg der Philosophie. Ebensowenig der, der kritisch den Zynismus der Macht aufdeckt, sondern der, der sich darin übt, ein anderer zu werden. Es geht nicht in erster Linie um ein Darüberstehen und Kingsein, schon gar nicht als Kritiker. Es geht darum, sich von King/Ich, von King/Subjekt zu verabschieden. Erst die Veränderung, im Kleinsten und Alltäglichsten, ist für die Philosophen der Lebenskunst und Selbstsorge der Weg zur Wahrheit. Neugier, Wissen und Verstehen sind Voraussetzungen, aber nicht das Zentrum der Selbstbildung. Es geht, genauer gesagt, auch nicht um »Wahrheit«, denn dieser Begriff schleppt, wie Kingsein und Subjektsein, noch zuviel Unbedingtheit, Universalisierung, Kontrolle, Überwachung und Zwang mit sich, um bei der Arbeit an sich selbst im Kleinsten und Alltäglichsten die Art der wachsenden Einsicht zu beschreiben. Wenn schon, dann sind es kleine Wahrheiten, Erfahrungswerte, die sich nach und nach einstellen, beim Einüben dieses

geistigen Wissens, das sich Foucault nicht scheut, »spirituell« zu nennen.

Man liegt falsch, wenn man glaubt, Foucault hätte ein religiöses Erweckungserlebnis gehabt oder wäre in der Zeit seiner Gastprofessuren in Berkeley dem kalifornischen »easy living spirit« und Selbstkult auf den Leim gegangen. Foucault läßt keine Glocken läuten. Er fängt einfach an, sein Archiv auf sich selbst anzuwenden. Es scheint, als sei dieser Rückzug auf sich selbst jenes Moment des »Anders denkens«, auf das sich seine philosophische bzw. radikal journalistische Aktivität ausgerichtet hatte. Der Archivar wendet sich der Praxis zu.

Es findet eine Inversion, eine »Verwindung« statt, bei der die Machtanalyse Hintergrundstrahlung bleibt, um das Wissen um die Macht nun an der richtigen Stelle zu justieren: der Selbstbeherrschung in der Sorge um sich selbst. Foucault macht genau das mit seinen Analysen, was er anderen im Blick auf seine Bücher rät:

> »Alle meine Bücher (...) sind kleine Werkzeugkästen. Wenn die Leute sie öffnen und sich irgendeines Satzes, einer Idee oder einer Analyse wie eines Schraubenziehers oder einer Bolzenzange bedienen wollen, um die Machtsysteme kurzzuschließen, zu disqualifizieren oder zu zerschlagen, unter Umständen sogar diejenigen, aus denen meine Bücher hervorgegangen sind ... nun, um so besser!«

Er selbst nimmt sich irgendwann Knarre und Nuß aus seinem Werkzeugkasten und schraubt an einer anderen Form seiner Subjektivierung.

Seine geistige Fahrt nach Griechenland entspannt ihn von den Archivarbeiten. Das mediterrane Licht schärft seine Wahrnehmung für andere Werte. Er spielt sogar mit dem Gedanken, das Schreiben aufzugeben. Doch das kann er nicht. Zu lange hat die Schreibmaschine an seinen Gedanken mitgearbeitet. Aber ihr

Sound ist jetzt ein anderer. Vielleicht hat er sich auch den Tip seines Freundes Gilles Deleuze zu eigen gemacht: »Nur kein Star werden!« Auch kein Diskurs-Star! Vielleicht war er des Wissens, dieses theoretischen Wissens müde. Auch die Subversion des Wissens, das Richten der Richter, das Chefsein im Diskurs kann einem die Arbeit an sich selbst verstellen. Gerade ihm, dem ehrgeizigen Diskurs-King, der zum Kleinbürgertum der Provinz gehört, wie er selbst sagt, wo die Regel gilt, immer

> »ein wenig mehr als andere zu wissen, ein klein wenig besser zu sein in der Klasse, ich stelle mir sogar vor, besser an meinem Fläschchen zu nuckeln als ein anderer, früher meine ersten Schritte gemacht zu haben als ein anderer ... Der Vergleich, der Wettbewerb, mehr zu leisten als der andere, der erste zu sein, so einer wie ich hat immer darin gelebt. Ich bin nicht zum Wissen gekommen, ich bin immer im Wissen gewesen; ich habe darin geplanscht.«

Er spürt, daß die Dinge, mit denen er sich beschäftigte, anfangen, über ihn hinwegzugehen, durch ihn hindurchzugehen, »daß es tausend Personen, tausend Bücher gibt, die in Arbeit sind, tausend Personen, die sprechen, tausend Dinge, die geschehen und wiederaufnehmen, wobei wiederaufnehmen nicht heißt, das zu wiederholen, was ich sage, sondern die genau in dieselbe Richtung gehen und letztlich über mich hinausgehen.«

Er, der die Normierungen der Macht bis in die feinsten Verästelungen verfolgt, denkt darüber nach, daß er selbst vielleicht normierter ist, als er sein will. Er, der die Lust an der Macht, die Lust, Befehle zu erteilen, die Lust, Befehle zu erhalten, noch mal genauer analysieren will, erinnert sich an die dem Wissen innewohnende Lust, an die »libido sciendi«, wie die gelehrten Leute sagen, zu denen er sich nicht zugehörig fühlt. Er will noch mal von Null starten und noch mehr griechisches Licht atmen.

Einem brasilianischen Interviewer antwortet er auf die Frage nach der Versuchung des Neubeginns:
»In dem Maße, wie ich dieses Gefühl einer Lust daran verspüre, daß man über mich hinweggeht, daß ich sehe, wie es schneller und weiter geht als ich. Ja, ein großes Gefühl der Erleichterung, von Freiheit und im äußersten Fall das Verlangen, einen kleinen Koffer zu nehmen und dann woanders hinzugehen, oder eben nichts zu machen oder was ganz anderes zu machen. Ja, absolut!«
Foucault on the road, in seinem beigefarbenen Jaguar und mit einem kleinen Laptop, auf dem sein Archiv gespeichert ist?

In der Taucherglocke der Schrift

Unterwegs, wenn auch mit anderer Zielsetzung, war er sein halbes Leben. Nach den Diplomen in Philosophie und Psychologie soll er zwei Freitodversuche unternommen haben. Er fängt eine Psychoanalyse an und bricht sie ab. Nach dem Staatsexamen in Philosophie und dem Diplom in Psychopathologie geht er nach Schweden. In Uppsala arbeitet er als Lektor und Leiter der Maison de France, danach in Warschau als Direktor des Centre français, anschließend in Hamburg als Direktor des Institut français. Nach sechsjähriger Professur für Philosophie und Psychologie in Frankreich (Clermont-Ferrand) folgen drei Jahre Gastprofessur in Tunis. 1968 beteiligt er sich als Professor für Philosophie an der neuen experimentellen Uni in Vincennes und bei vielen politischen Aktionen. Von 1970 bis zu seinem Tod 1984 ist er Professor für die »Geschichte der Denksysteme« am Collège de France, unterbrochen durch Gastprofessuren in Berkeley (Kalifornien) und kurze Aufenthalte in Japan, wo er sich mit Zen-Buddhismus beschäftigt. Trotz Zen ist Nichtstun für ihn nicht drin. Der philosophische Hobo, der, wie er sagt, »eine tiefe Unfähigkeit« hat, sich zu vergnügen, seine Gedanken treiben zu lassen, kann die hohe Kunst des Nichtstuns für sich nicht kultivieren. Aber er kann auf andere Weise ein anderer werden. Foucault ist im Werden.

»Schwul (gay) sein heißt im Werden sein«, schreibt er in »Der Gebrauch der Lüste«. Gay sein ist gemeint als geschlechtsübergreifende Lebensform, als eine Kunst, Freundschaften einzugehen und Beziehungen zu pflegen, die uns verändern. Nicht, daß man homosexuell sein muß – Foucault war es –, sondern, daß man darauf hinarbeiten soll, in diesem Sinne gay zu sein, d. h. »sich in eine Dimension zu versetzen, in der die sexuellen Entscheidungen, die man fällt, immer gegenwärtig sind und unser Leben beeinflussen.« Die andere Existenzweise würde sich ständig mit der Frage kontrollieren:

»Wie kann ich die Auswirkungen meiner sexuellen Entscheidung so einschränken, daß sich mein Leben in keiner Weise ändert?« Normierter Sexkonsum.

Schnitt.

»I'm married, buried ... All in all is all we are«, singt Kurt Cobain von Nirvana in dem Song »All Apologies«, und ein paar Zeilen davor: »Everyone is gay«. Es bleibt offen, ob sein »gay« im Werden war.

Schnitt.

Foucault will nicht im Diskursgefängnis bleiben, im Denken über das Denken, in seiner philosophischen Glocke.

»Ich komme mir ein wenig vor wie jener Typ«, sagt er in einem Interview, »der ein Tauchmanöver unternommen hatte und sich unter seiner Glocke zwischen Sand und Fels befand. Und dann, siehe da, jetzt ist das Meer da, endlich, die Untergründe, sie steigen an, und ich befinde mich fast an der Wasseroberfläche.«

Foucault wird oberflächlich aus Tiefe. Selbst das Schreiben steht zur Disposition:
»Müssen wir nicht aufhören zu schreiben?«, fragt er den Interviewer.

> »Wenn ich dies alles sage, dürfen Sie nicht glauben, ich scherze nur. Hier spricht einer, der immer noch schreibt. Einige meiner engsten Freunde haben das Schreiben vollständig aufgegeben; zumindest habe ich diesen Eindruck. Ehrlich gesagt empfinde ich angesichts dieses Verzichts zugunsten der politischen Arbeit nicht nur Bewunderung, sondern auch ein heftiges Schwindelgefühl. Da ich selbst nicht mehr ganz jung bin, begnüge ich mich mit der Fortsetzung dieser Tätigkeit, obwohl sie die kritische Bedeutung, die ich ihr geben wollte, vielleicht schon verloren hat.«

Es wird ihm schwindlig bei dem Gedanken, nicht mehr zu schreiben. In den langen Winternächten in Schweden hatte er sich angewöhnt, 5–6 Stunden täglich zu schreiben. Das Ändern solcher eingeschliffenen Gewohnheiten ist am schwierigsten, es ist ein Werden im Kleinsten und Alltäglichsten. Aber genau das werden später die Fragen sein, die sich im Kontext der antiken Lebenskunst stellen, Fragen des Schliffs: wozu schreiben?

Schnitt.

Jahrhunderte hat er an den Rändern durchforscht, hat er zwischen sich und seine Zeit geschoben. Nun tauchen die eigenen Gewohnheiten auf, strömt die Erkenntnis an die Oberfläche, daß »Schreiben ... gänzlich charakteristisch für die kapitalistische und bürgerliche Gesellschaft ist, das heißt ein System, das ein ganzes Ensemble von Wissen und Symbolen erzeugt, ihm Werte zuweist, es verteilt und überträgt. Das ist grob gesagt unser ›System des Schreibens‹.«

Wie diesem »System des Schreibens« entkommen, wenn man damit eben nicht blöd populär, sondern populär ohne Kompromisse geworden ist, dazu noch Edel-Professor ohne bürokratische Verpflichtungen an einer der Elite-Universitäten in Europa? Was will man mehr? Wenn einer »funky« war als Professor, dann Foucault. Und darüber hinaus: Er hat sich politisch engagiert, zum Beispiel in einer Gruppe, die Gefängnisinsassen die Möglichkeit verschaffte, ihre Innenansichten der Institution zu veröffentlichen. Political correctness, auch das! Worum geht's ihm jetzt eigentlich?
Es geht ihm um die Kunst der Kunst: die Lebenskunst. Foucault macht die Erfahrung, daß man, trotz kritischer Analyse, seine alltäglichsten Gewohnheiten nicht unbedingt ändert. Auch der kritische Modus des Wissens, die subtil gelehrte Verneinung, greift nicht unbedingt ins alltägliche Leben. Die Mächte, um die man weiß, ist man noch nicht los.

Wissen Macht Lust

Foucault hat jahrzehntelang seine ganzen Energien darauf verwendet, zu zeigen, wie die Mechanismen der Macht funktionieren und wie sie uns beherrschen, bis in die kleinsten Gewohnheiten hinein. Die Strategien der Macht waren ihm geläufig. Er weiß um ihre Vielschichtigkeit. Er beschreibt sie als polymorph, verschachtelt, raffinierter und hinterhältiger, als man uns glauben machen will, denn Macht ist mit Lust verbunden. Befehlen- oder Bestimmen-Können ist geil!
Niemand wird z. B. Politiker, schüttelt Hände, ackert sich durch Ortsvereine, vernachlässigt sein soziales Umfeld, opfert seine Freizeit, ist Wasserträger der Mächtigeren, nimmt verletzende parteiinterne Kontroversen in Kauf, scheitert, steht wieder auf, wird unentwegt von den Sachzwängen ausgebremst, dunst auf,

nimmt wieder ab, dunst wieder auf, macht bittere Kompromisse, um am Ende, an der Macht, auf welcher Ebene auch immer, als ausgelaugter Blödmann dazustehen. Die Macht funktioniert nicht nur wie das Freudsche Über-Ich, indem sie in der Funktion aufgeht, auszuschließen, zu verhindern oder zu bestrafen. Wäre die Macht so strukturiert, der Begriff »repressive Macht« steht dafür, so würde, nach Foucault, ein Bewußtwerden ausreichen, um ihre Wirkungen aufzuheben. Er weiß es, ist sich dessen bewußt, und trotzdem wirkt das, was er verneint, in ihm weiter. Liegt es an den Mechanismen der Macht? Die Mechanismen der Macht sind subtil, dringen tief in unsere Körper ein, schaffen Begehren, rufen Lust und bringen Wissen hervor. Foucault glaubt noch, es läge an den Mächten, nicht am Wissensmodus.

Wissen und Macht. Er wird nicht müde, darauf hinzuweisen, daß die Distanz zwischen Wissen und Macht, die vor allem die abendländische Philosophie seit Platon vorgibt, gar nicht besteht, daß die Vorgabe der Arbeitsteilung zwischen den Männern/Frauen der Macht und den Männern/Frauen des Wissens heuchlerisch ist. Diese Idealisierung des Wissens, in der merkwürdigen Person des Weisen oder Wissenschaftlers, die auf jede Macht in Form der Teilnahme am Gemeinwesen verzichtet, ist illusionär. Auch das gehört für Foucault zur »Fabel, die sich das Abendland erzählt, um seinen ungeheuren Machthunger zu verdecken, der sich aus dem Wissen speist«.

Umgekehrt gehört zu dieser Fabel, sich Macht ohne den Willen zum Wissen vorzustellen. Machthunger des Wissens und Wissenshunger der Macht bedingen sich wechselseitig. Auch Foucault hatte diesen Machthunger, der sich aus dem Wissen speist. Seine spärlichen Hinweise auf seine Biographie sind deutlich. Die Unfähigkeit, sich zu vergnügen, das kleinbürgerlich-provinzielle Denken, man müsse immer einen Tick besser sein als die anderen, der angstbeladene Druck und das Interesse der Eltern an seinem Wissen, die, wie jede bürgerliche Familie, in Foucaults Wissen den eigenen Ruhm, ihre Opfer, die eigenen Zukunftsprojekte und auch die Rache für das Selbst-nicht-realisiert-Haben legten ... Dann das unerfreuliche, graue und triste Wissen in Schule und Universität – »wenig erotisch«, wie Foucault sagt –, aber durch Konkurrenz und Hoffnung auf hohe Gehälter am Ende doch mit Lust und Machtversprechungen aufgeladen ... Foucault nennt es später einen »Gewaltakt«, der gleichzeitig die Zahl der Leute, die Zugang zum Wissen haben, durch diese vollkommen abweisende Form auf ein Minimum beschränkt ... Ferner der Druck der Diplome, in Frankreich noch höher als in Deutschland, der nur dazu da ist, eine Art »Warenwissen« zu erzeugen, »das zu nichts dient, das keinen Inhalt hat, das leer ist« und nur von denen seinen vollen Sinn verliehen bekommt, die es nicht haben ... Seine beiden Selbstmordversuche, die abgebrochene Therapie, sein ständiges Überarbeitetsein ... Nicht zuletzt sein unbändiger Wille zum Wissen in Verbindung mit der Datierungssucht der Denksysteme hat Foucault lange Jahre in einem zwar kritisch-erhellenden, aber dennoch in jenem Schreibsystem gehalten, dessen Unterwerfungsriten er selbst als »bürgerlich-kapitalistisch« beschreibt. Machtwille und Ehrgeiz halten ihn gefangen in der Taucherglocke der Schrift.

Jean-Luc Godard hat etwas gespürt von diesem Ehrgeiz, diesem langen Verbleiben und Gefangensein Foucaults in diesem Wissensmodus, wenn er in einem Interview erklärt, daß er gerade gegen Leute vom Schlage eines »Ehrwürden Pater Foucault« Filme machen will.

»Wenn ich Foucault nicht so sehr mag, so deshalb, weil er uns sagt: ›Damals haben die Leute dieses oder jenes gedacht, und von diesem oder jenem Zeitpunkt hat man gedacht, daß ...‹

Schon recht, aber kann man dessen denn so sicher sein? Eben dafür machen wir Filme, damit künftige Foucaults solche Sachen nicht mit derartiger Anmaßung behaupten können.«

Vielleicht war Godard in dem noch jungen Medium »Film« weniger mit Tradition belastet als Foucault, der im wesentlich älteren Medium »Schrift« länger brauchte, um aufzutauchen?

»Man, sometimes it takes you a long time to sound like yourself«, könnte man Foucault mit Miles Davis ein wenig in Schutz nehmen gegen den Nouvelle Vague-King Godard.

Zweitausend Jahre Schriftsound – da dauert es etwas länger, so zu klingen wie man selbst. Man muß sich durch ein Meer von Zeichen schreiben, um den eigenen Klang, die eigene Stimme zu hören. Die großen Soundwaves der Geschichte sind nicht so einfach zu surfen. Obwohl Foucault einen der besten philosophischen Surfboardshaper, Friedrich Nietzsche, hatte, wurde er bei dem Versuch, die großen Wellen des Abendlands zu surfen, »schön gewaschen«, wie die Surfer sagen. Er bekam mächtig was auf die Glocke. Es ist eine Falle, auf die eingeschriebenen Anmaßungen des Abendlandes mit eigenen Anmaßungen zu reagieren. Foucault, der die Schrift surfte, hat eine Zeitlang die wichtigste Surferregel nicht beachtet: Du kannst die Welle nicht aufreißen, nicht rippen. Du mußt ihrer Bewegung folgen, im richtigen Moment aufs Brett steigen, dich in ihren Tube begeben und zusehen, daß du im richtigen Moment wieder herauskommst, sonst stürzt sie über dir zusammen und reißt dich in die Tiefe. Du planschst mehr im Wasser, als auf dem Board zu stehen.

Ehrwürden Pater wollte das Unbewußte der Geschichte an die Oberfläche bringen. Hatte er dabei vergessen, daß es, wie Freud sagt, im Unbewußten keinen Unterschied gibt, ob man ja oder nein sagt? Hatte er vergessen, daß es im Unbewußten keine Zeit gibt? Wer auf eine bestimmte Weise verneint, wird nach und

nach von dem, was er verneint, geschluckt, und dieser Wiederholungszwang kann eine Weile dauern.
Dabei hatte Nietzsche ihn durch Zarathustra mit der Geschichte von den zwei Verwandlungen auf die Gefahren und Fallen hingewiesen. Darauf, daß wir alle auch soziale Kamele sind, die das Normierte der Gesellschaft brav bejahen. Wir sagen zunächst zu allem »Ja«, bedeutet uns der kleine Selbstbildungsroman in »Also sprach Zarathustra«. Angepaßt bleiben wir solange, bis wir die Schnauze voll haben und zum Löwen werden. Dann brüllen wir ständig »Nein!«. Die meisten, sagt Zarathustra, bleiben an diesem »Nein« zum Normierten hängen. Sie sagen zwar theoretisch »nein«, kleben dennoch an dem Modus des Wissens, in dem sie verneinen. Wie aus dem Modus von ja/nein, Kamel/Löwe herauskommen? Zarathustra spricht von einer zweiten Verwandlung: vom Löwen zum Kind. Eine Verwandlung vom »Nein« zum nicht affirmativen »Ja«. Wir fangen dann an, in einer Art zweiten Naivität, wie wir selbst zu klingen. Wem aber das Gehorchen lieber ist, wer Kamel bleiben will und nie brüllt, so Zarathustra, dem stellt sich das Problem der zweiten Verwandlung nicht: Wie kann ich mein Leben und mich selbst bejahen, ohne zum Kamel zu werden? Auch wer ständig brüllt, wird endlich von seinem Echo übertönt.
Pater Foucault hatte den ersten Teil der Zarathustra-Hausaufgaben fleißig gemacht und sein Löwen-Sein und -Nein kräftig ausgekostet. Er hat in jahrelanger mühevoller Arbeit Geschichte zerschnitten und neue, überraschende Perspektiven aufgezeigt. Themen wie Sexualität, Wahrheit, Wahnsinn und Humanismus bekommen durch seinen Remix des geschichtlichen Materials eine völlig neue Drehung. Alle Themen erscheinen im Blick auf die Mechanismen der Macht in einem anderen Licht.

Let's talk about sex

Der Standardfilm über Sex soll uns, verkürzt gesagt, zeigen, daß Sexualität in unserer Kultur ständig unterdrückt wird. Da ist zunächst das Christentum, das dem Eros Gift gab. Da ist die Philosophie, die das Körperliche, den Leib, zugunsten der Theorie diskreditierte. Und da ist vor allem das viktorianische Zeitalter, das uns im Blick auf Sex völlig verklemmt haben soll. Pater Foucault faßt diesen Film unter dem Begriff »Repressionsthese« zusammen. Für ihn fehlt da etwas Wichtiges im Film. Cutter Foucault schneidet einen neuen Film. Sein Film, sehr diffizil und facettenreich, hier nur als Trailer skizziert, setzt das ständige Reden über Sex, von ihm »Diskursivierung des Sexes« genannt, ins Licht. Wenn Tabuisierung, Ausgrenzung, Diskreditierung der Sexualität in unserer abendländischen Kultur stattfindet, dann durch die Art und Weise des Redens über Sex. Der Sex-Diskurs ist eine subtile Steuerung, aber gerade nicht durch Unterdrückung und Verbote, sondern durch die ständige Aufreizung und das Gebot, über Sex zu reden und ihm sein Geheimnis zu entlocken. Nur vergessen wir darüber bei der Sexualität, wie in der Philosophie, die Praxis; wir vergessen den Sex beim an- und aufreizenden Reden über die so genannte »wichtigste Sache der Welt«. Foucault zitiert D.H. Lawrence: »Heute ist das voll bewußte Verstehen des sexuellen Triebes wichtiger als der sexuelle Akt.«

Der Pater der Sexdiskurse findet bei seinen Recherchen zur Geschichte der Sexualität im Okzident keine Ars erotica. Solche Übungen in der Kunst des Liebens sind dem Orient vorbehalten. In einer Sequenz mit geblendeten Übergängen schneidet er die Geschichte der Problematisierungen des Sexus im Abendland neu zusammen. Eine erste Blende setzt Foucault zwischen der Antike und dem Christentum. Allgemein findet im 4. und 5.

Jahrhundert n. Chr. eine Verschiebung statt von einer eher auf die persönliche Erfahrung bezogenen Ethik zu einer Moral als Gehorsam gegenüber einem Regelsystem. In der Antike war die Sexualität noch nicht mit Sünde identifiziert. Die Griechen thematisierten zwar ihre dionysischen, zum Exzeß neigenden Kräfte, aber ihnen wurde nichts Sündhaftes angeheftet. Für die Griechen ging es im Blick auf Sexualität um eine milde Regel des Maßes. Sex war nicht so wichtig als Inkarnation des Sündigen. Sich Gedanken darüber zu machen, wann, wie und zu welcher Gelegenheit, das reichte. Erst das Christentum reglementierte mit seiner Religion des geschriebenen Worts, seiner Vorstellung vom Willen Gottes und seinem Prinzip des Gehorsams und gab »dem Eros Gift«, wie Nietzsche es formulierte. Es wurden härtere Saiten aufgezogen. Mit der »Sünde des Fleisches« kam die Sexualität auf die »Achse des Bösen«. Nicht erst der körperliche Akt, schon das Begehren rückte ins Zentrum des Interesses und wurde schärfsten Kontrollen unterzogen.

Foucault verweist auf die christliche Beicht- und Bußpraxis. Bis in die kleinsten Details werden dort Geständnisse über das sexuelle Begehren abgefordert. Immer unter dem Diktum der Diskretion, aber eben nicht tabuisiert, ausgegrenzt, unterdrückt und verschwiegen. Im Gegenteil! Beredter kann kein Sex sein. Wenn er zum Schweigen gebracht wurde, dann durch die Anreizung zum Reden. Für Foucault ist dies eine prototypische Verzahnung von Lust, Wissen und Macht. Diese Verzahnung ist Foucaults Drehscheibe bei all seinen Tauchmanövern in die Geschichte.

War Sexualität in der Antike eine Frage des Maßes im Rahmen einer persönlichen Ethik, die von Fall zu Fall Entscheidungen zu treffen hatte, wurde sie im Christentum in den Kontext des Generellen gestellt. Die Achsen gut/böse, Wahrheit/Lüge, Reinheit/Sünde, das bis heute fortwirkende binäre System, wurden installiert. Es war kein grundsätzlicher Bruch, das betont Foucault immer wieder, denn bestimmte Techniken im Umgang mit Sexualität waren in der Antike schon programmiert, vor allem durch die platonische Ideenlehre. Aber der Denkrahmen verschiebt sich mit dem Christentum. Auf der binären Achse gut/böse ist ein Fehler im Verhalten nicht mehr nur ein Fehler, sondern Sünde. Gleichzeitig löst sich die Sichtweise vom realen Akt hin zum Begehren. Sex wird zur Kopfsache. Es werden keine konkreten Erfahrungswerte mehr ausgetauscht und in ein flexibles Regelwerk gefaßt, auf das man sich immer unter Berücksichtigung der jeweiligen Situation beziehen kann. Statt dessen werden nun Vorstellungen von sündhaftem Begehren konstruiert, die dann mit entsprechend härteren Codierungen kontrolliert werden mußten. Der Schlaf der an den konkreten Fall gebundenen Vernunft gebiert Ungeheuer. Sexualität wird zum Geheimnis stilisiert. Ein Geheimnis, das man dem Sexus durch Geständnispraktiken entreißen muß. Das in der Vorstellung Dämonisierte ruft differenziertere und rigidere Kontrollen und Interventionen auf den Plan. Erst durch diese von der Realität abgezogene Vorstellungs- und Projektionsmaschinerie wird die Sexualität zur wichtigsten Sache der Welt. Man fängt an, nach Gift zu suchen, wo gar keins ist. Man fängt an, Geständnisse zu fordern, wo es nichts zu gestehen gibt. Man fängt an, Vorstellungen zu überwachen und zu kontrollieren, deren realer Kern verschwindend klein ist. Der Mensch wird zum Geständnis- und Verstehenstier und Sex zur Identität des Menschen.

Wenn Foucault in einem Interview sagt: »Sex ist langweilig«, dann sagt er das auf dem Hintergrund dieser Stilisierung des Sexes. Die Techniken des Verstehens, des Durchleuchtens, des Überwachens und Kontrollierens, die in der Beicht- und Bußpraxis aufleuchten, verfolgt Foucault über die Jahrhunderte. Er findet sie modifiziert, entwickelt und differenziert in Wissenschaft und Politik, zum Beispiel in der Psychiatrie und ihrem

Blick auf den Wahnsinn. Auch dort sieht er noch die Beichtpraktiken ins Werk gesetzt, verwandelt in wissenschaftliches Durchleuchten und Überwachen des Wahnsinns auf dem Hintergrund einer bestimmten Norm von Normalität. Selbst die Psychoanalyse Freuds, die in ihrer Grundbewegung diese übersteuerten Normierungen und Zwänge unterläuft, ist für Foucault noch durchsetzt von diesen Geständnispraktiken des Christentums. »Sage alles, was dir in den Kopf kommt«, lautet die psychoanalytische Regel.
Überwachung und Disziplinierung analysiert er auch im Politischen. Die Einführung der Gefängnisse im 18. Jahrhundert im Zuge der Französischen Revolution, parallel zur Einführung der modernen Klinik, ist für Foucault wieder eine Blende in der Geschichte. Auch da geht es nicht nur um Humanisierung der Strafe, deren Grausamkeit in feudalen Zeiten er am Anfang seines Buches »Überwachen und Strafen« noch einmal drastisch schildern läßt:

»Am 2. März 1757 war Damiens dazu verurteilt worden, ›vor dem Haupttor der Kirche von Paris öffentliche Abbitte zu tun‹, wohin er ›in einem Stürzkarren gefahren werden sollte, nackt bis auf ein Hemd und eine brennende zwei Pfund schwere Wachsfackel in der Hand; auf dem Grève-Platz sollte er dann im Stürzkarren auf einem dort errichteten Gerüst an den Brustwarzen, Armen, Oberschenkeln und Waden mit glühenden Zangen gezwickt werden; ... auf die mit Zangen gezwickten Stellen sollte geschmolzenes Blei, siedendes Öl, brennendes Pechharz und mit Schwefel geschmolzenes Wachs gegossen werden; dann sollte sein Körper von vier Pferden auseinandergezogen und zergliedert werden, seine Glieder und sein Körper sollten vom Feuer verzehrt werden und zur Asche gemacht, und seine Asche in den Wind gestreut werden.‹«

Natürlich hat das Gefängnis die Strafe humanisiert. Es ist besser im Knast zu sein, als gevierteilt zu werden. Aber gleichzeitig sieht Foucault das Netz der Disziplinierung und Normalisierung enger werden. Das hat auch wirtschaftliche Hintergründe. Beim Anrollen der Industrialisierung und der kapitalistischen Produktionsweise gibt es erhöhten Bedarf an Arbeitskräften. Jeder wird gebraucht, auch die Kleinkriminellen, die durch das Netz der noch nicht polizeilichen Überwachung fielen. Sie wurden jetzt alle durch die Polizei und das Aufkommen der demographischen Techniken erfaßt, mit dem Ziel, durch Disziplinierung im Gefängnis resozialisiert und für den Arbeitsprozeß wieder verfügbar gemacht zu werden. Parallel sollten die Wahnsinnigen in ehemals vor der Stadt gelegenen Kliniken besser überwacht und mit Techniken der Therapie wieder arbeitsfähig gemacht werden. Arbeit macht frei – vom Wahnsinn.

Schnitt.

Ein kurzer Auszug aus dem von Foucault gesichteten Archiv:
Ein Dialog (1840) zwischen dem Psychiater Leuret und einem seiner Kranken, befallen von Verfolgungswahn mit Gehörhalluzinationen. Leuret selbst gibt ihn wieder:
Leuret: Versprechen Sie, nicht mehr daran zu denken?
Dem Kranken fällt es schwer, sich darin zu fügen.
Leuret: Versprechen Sie, alle Tage zu arbeiten?
Er zögert, dann willigt er ein.
Leuret: Da ich auf Versprechungen nicht zähle, werden Sie jetzt die Dusche erhalten, und wir werden das alle Tage fortsetzen, bis Sie selbst darum bitten, arbeiten zu dürfen *(kalte Dusche).*
Leuret: Gehen Sie bereitwillig, ja oder nein?
A.: Ja, ich werde arbeiten gehen!
Leuret: Sie sind also verrückt gewesen?

A.: Nein, ich bin nicht verrückt gewesen.
Leuret: Sie sind nicht verrückt gewesen?
A.: Ich glaube, nicht. *(kalte Dusche)*
Leuret: Sind Sie verrückt gewesen?
A.: Es ist also verrückt, daß man sieht und daß man hört!
Leuret: Ja!
A.: Sie haben recht, mein Herr, das ist Wahnsinn.
Er verspricht, arbeiten zu gehen.

Schnitt.

Mag sein, daß Foucault in seinem Blick von den Rändern her etwas von der Ordnungs-Paranoia hat, die er in den Techniken der Biomacht und der Disziplinierungsgewalt des neuzeitlichen Staates aufdecken will. Aber zugleich gelingt ihm ein überraschender Blick auf den Fortschritt. Natürlich stellt er die Ähnlichkeiten der Architektur von Klinik und Gefängnis heraus, diese von dem Engländer Bentham erfundene panoptische Struktur der Gebäude, in denen man von einem Punkt alles überschauen und kontrollieren konnte. Und natürlich vermerkt er, daß das Resozialisierungskonzept bzw. Therapiekonzept nicht in Gänze aufgeht, weil sowohl das Gefängnis als auch die Klinik für ihn die Kriminalität bzw. den Wahnsinn institutionell verlängern. Im Knast lernen die Kriminellen von anderen Insassen und werden, wenn sie draußen sind, schnell wieder rückfällig. Deshalb hat Foucault eine Zeitlang eine Gefängnisinitiative unterstützt, deren Ziel es war, die Stimmen der Gefängnisinsassen hörbar zu machen. Er sympathisierte mit der Anti-Psychiatrie-Bewegung in England und deren These, daß die Klinik die Verrückten erst recht verrückt machte. Vielleicht folgt er bei der Analyse der Machtmechanismen zu sehr der Mechanik seines medialen Blicks, aber wenn man sich seinen Schnitten durch die Geschichte aussetzt, sieht man die Gegenwart mit anderen Augen.

Let's talk about sex II

Sex ist allgegenwärtig. Fast jedes Medium lebt davon. Zeitungen, Werbung, Fernsehen, Film, Video, Mode, selbst Theorien sollen sexy sein. Von dem gewinnbringenden Pornomarkt ganz zu schweigen, bei dem das, was zum Geheimnis und zur Wahrheit stilisiert ist, nach vorne tritt: das In-Rechnung-Stellen des Sexes. Die Modellierung unserer Körper von der Kleidung bis zur Rasur der Schamhaare folgt diesen Bildern. Bei jedem zweiten Glanzmagazin braucht man nur die Titelseiten im Vorübergehen zu »scannen«: Wie werde ich »the sexiest man« und »the sexiest woman«? Ist das endlich die von Foucault in der abendländischen Geschichte unentdeckte Ars erotica? Besteht die Befreiung darin, uns als brave Subjekte der Hipness den Gesetzen des Marktes zu unterwerfen, uns als Sexwesen zu subjektivieren? Frauen mit gelifteten Kylie-Minogue-Pos, Männer mit Waschbrett-Bäuchen.

Foucault versetzt sich im ersten Band seiner Geschichte der Sexualität virtuell in die Zukunft und fragt zurück:

»Wie es ihnen gelingen konnte, uns dieser kargen Alleinherrschaft des Sexes zu unterwerfen; wie es ihnen gelingen konnte, uns an die endlose Aufgabe zu binden, sein Geheimnis zu zwingen und diesem Schatten die wahrsten Geständnisse abzuringen.« Vielleicht werden zukünftige Generationen milde lächeln, wenn sie realisieren, daß wir damit beschäftigt waren, »ausgerechnet das vom Gesetz des Schweigens zu befreien, was unsere lärmendste Beschäftigung war«.

Schnitt.

Überwachung. Big Brother. Jetzt auch Sex in der Baracke. Foucault als TV-Show. Einschalten!

Schnitt.

Foucaults medialer Blick sieht schon Kameras aufgestellt in den Geständnis- und Disziplinierungsszenarien vorangegangener Jahrhunderte. Seine Schnitte in die Geschichte lassen für Momente die Hintergrundprogramme aufblitzen, Programme, die wir nicht auf dem Schirm haben, die aber unbeobachtet ihre stille Arbeit verrichten. Von der feudalen Hinrichtungsshow am Pranger über die kalte Dusche der Psychiatrie bis zu Big-Brother-TV zieht sich ein dünner roter Faden der Überwachung. Durch die Jahrhunderte geistert der Mensch als überwachtes und zum Geständnis seiner Sexualität angereiztes Tier. Gestehe! Das ist für Foucault der kategorische Imperativ der abendländischen Gesellschaft. Gestehe, mal unter fürchterlichen Martern auf dem Scheiterhaufen verbrannt zum Schutz der königlichen Macht, mal unter der kalten Dusche zum Schutz von bürgerlicher Normalität und Arbeit vor dem Wahnsinn, mal im gleißenden Licht der Kameras, zur Erleuchtung des Begehrens und der Rechnung, die man mit Sex macht. Dieser kategorische Imperativ riecht nach Grausamkeit, auch wenn seine Methoden der Disziplinierung und Überwachung unserer Körper und Seelen immer feiner und undurchsichtiger werden. Das arme Tier »Mensch« soll überall seine Wahrheit offenbaren. Sag die Wahrheit! Hast du es getan? Bist du verrückt? Was ist dein Sex? Diesen Wahrheitsspielen, an denen wir uns heute zu Tode amüsieren und die nicht selten inquisitorisch den realen Tod fordern, ist Foucault auf der Spur. Die Analyse der abendländischen Wahrheitsspiele ist sein Hintergrundprogramm in »Sexualität und Wahrheit«.

Schnitt.

Feuer, Wasser, Luft und Erde.

Schnitt.

Im Feuer der Scheiterhaufen, von Martern gepeinigt, unter der kalten Dusche der Wissenschaft und in der ausgeleuchteten Luft des Barackenstudios verschwindet der Mensch. Erde? Fehlanzeige!
»Dies ist keine Erde mehr!« sagt Heidegger, dessen Skepsis gegenüber der neuzeitlichen Technik, mit humanistischem Guß versehen, Foucault teilt. Und weiter: »Alles funktioniert, und das ist das Schlimme, daß das Funktionieren immer weiter geht.«

Rewind:

»Der Mensch wird verschwinden wie am Meeresufer ein Gesicht im Sand.«

Fast forward:

1968 stand an den Mauern von Paris: »Unterm Pflaster liegt der Strand.« Ein Satz, den Foucault naiv fand, weil der Slogan an das Unberührte des Menschen glaubt und die Macht mit Steinen identifiziert. Unterm Pflaster liegt die Asche des gevierteilten Damiens, und die Macht ist 1968 lange nicht mehr hart wie Stein, die Mächte sind weich, medial, anonym. Die Herrschaft der Funktion läuft über das Softselling, über mediale Duschen. Die Überwachung des menschlichen Begehrens durch Hygieneverordnungen, Statistik, Demographie, Kameras und elektronische Abtastung hat sich verfeinert an Jimi Hendrix' Verstärkerfeedbackgitarrenkunst. Die medial verstärkten Bedürfnisse der Konsumenten werden über das Feedback der Quote zurückgespielt, bis das Begehren aufjault. Nach dem Motto: You ain't nothing but a hound dog, it's Rock'n'Roll time! Immer und immer wieder auf die Zwei und die Vier, voll auf die Zwölf, auf die Glocke, immer nur das und immer wieder auf das, was wir eh schon wissen.
Aber was ist, fragt Foucault, wenn die Wahrheit gar nicht existiert, die Kings ihre Macht mit imaginären Größen legitimieren und Imaginäres beim Konsumenten in Rechnung stellen? »Non au sexe roi« (Nein zum König Sex) ist ein Zeitungsinterview mit Michel Foucault betitelt.
Vielleicht leiden wir immer noch an dem »Unglück der antiken Philosophie«, an dem Abhub in den platonischen Ideenhimmel, dem Ballon »Unbedingte Wahrheit für alle« und dem daraus folgenden Sendungsbewußtsein und Kodifizieren der Moral als

tyrannische und normierende Verpflichtung. Jede abgehobene Moral, die auf Universalisierung zielt, grenzt aus, gebiert Ungeheuer, die dann bekämpft werden müssen. Sie verallgemeinert das Besondere. Egal, welche geistigen Ballons gestartet werden, Idee, Wesen, Gott, mit all ihren Stellvertretern in der Geschichte, König, Ich, Identität, Staat, Medizin, Polizei bis zu den soften Systemen der stimulierenden Kontrolle, alle tendieren zum universellen Gesetz. Heute nennt man das Quote.

Schnitt.

Foucault geht an Land. Philosophischer Chill-out ist angesagt. Unter griechischer Sonne ruht er sich aus von den gefährlichen Surfs in den steilen Wahrheitswellen der Geschichte. Nietzsche, sein Boardshaper, hat ein anderes Brett für ihn geschliffen. Ein Longboard mit den Aufklebern: »ataraxia«, »epimeleia heautou«, »paraskeue«, »parrhesia«: innere Ruhe, Sorge um sich selbst, seelische Abwehrkraft, freies Reden. Sollen die jungen Surfer doch über ihn hinwegsurfen. Er weiß jetzt, wie schnell sich der Waveyard der Wahrheit zum Graveyard verwandeln kann. Foucault geht nicht mehr raus, wenn sich die Wellen zu großen Wahrheiten aufwerfen. Er surft jetzt das Selbst, die kleine Welle. Was soll's auch, anderen zu beweisen, was für ein toller Hecht er ist, noch diesen subversiven Turn, jenen analytischen Kickback der Theorie vorzuführen. Schon recht! Aber man verändert sich dabei nicht. Wichtig ist doch, etwas zu denken, was einen verändert. Die kritische Arbeit an sich selbst.

Was ist das Selbst?

Zunächst eben das, was man aus ihm gemacht hat. All diese Machtspiele, die Foucault in der Geschichte aufdeckt, sind dort eingeschrieben: all die Wahrheitsstilisierungen zwecks Überwachung und Disziplinierung, all diese Kings und stimulierenden Kontrollen. Es ist auch ganz gut, eine Zeit die großen Wellen zu surfen. Man weiß, mit welchem Selbst man es zu tun hat. Man weiß eben, daß unter dem Pflaster die Asche der Jahrhunderte liegt und nicht der Strand. Das Selbst vergißt nichts. Man hat sich trainiert und raffiniert bei den geistigen »big surfs«. Man kann nicht einfach den Vorhang des Vergangenen zuziehen und das unberührte Selbst auf der Hinterbühne der Geschichte treffen. Der Vorhang der Geschichte geht immer wieder auf, und das Wahrheitstheater fängt wieder neu an.

Vielleicht ist das Antitheater Foucaults nur eine Überschätzung der Philosophie. Vielleicht spielt die Philosophie gar nicht diese Rolle in der Geschichte? Vielleicht schert sich die Geschichte einen Dreck um die Philosophie? Vielleicht sind die durch Schnitte hergestellten Bezüge des Philosophen überzogen? Vielleicht war das alles »too much of nothing«? Mag sein.

Was Foucault auf jeden Fall aufs longboard mitnehmen kann, ist: Die Wahrheit und das unberührte Selbst gibt es nicht. Allen, die uns das weismachen wollen, können wir mit Diogenes von Sinope getrost sagen: Geht uns aus der Sonne! Auch den Gurus der Wahrheit und ihren Schülern, die die Wahrheit eines Gurus so nötig haben, singt Van Morrison: »No guru, no teacher, no method«.

Wie das Selbst surfen?

Als Foucault anfängt, sich näher mit den Praktiken der Selbstkultur in der Antike zu beschäftigen, verlagert er rückblickend den Fokus seiner Analysen. Nicht mehr die Machtanalyse sieht er im Zentrum seiner philosophischen Schnitte, sondern »Subjektivierung«. Jene Subjektivierungs- und Selbstpraktiken, mit

denen Individuen, ohne den Druck normativer Verpflichtungen zu Großwahrheiten, sich ein Selbst, das nicht gegeben ist, schaffen. Es sind Ideen, die er erörtern will, keine geschlossene Theorie und keine strenge Methode.
Er verweist auf das Werkzeug der Lebenskunst. Er findet dieses Werkzeug nicht mehr nur beschränkt auf einen bestimmten Zeitraum der griechisch-römischen Antike (1. und 2. Jh. n. Chr.), sondern findet es auch in der Renaissance und dem Dandytum des 19. Jahrhunderts wieder. Aber dieses ständige historische Feintunen ist nicht so wichtig. Wichtig ist der Werkzeugkasten der Selbstkultur und der Hinweis Foucaults, daß wir die Werkzeuge nicht eins zu eins übernehmen können, denn zwischen ihrer Entwicklung und unserer Zeit liegen zwei Jahrtausende. Wir müssen kreativ damit umgehen, sie der Technik unserer Tage anpassen, und wir müssen bedenken: »No guru, no teacher, no method.« Der potentielle Selbstraum muß frei bleiben von schlechten Übertragungen – der Meister wird's schon richten –, von apodiktischen Wahrheiten, erhobenen Zeigefingern und »Einweg-Narzißmen«. Die Einsicht, daß Theorie noch nicht verändert, ist kein Grund, alle kritische Theorie über Bord zu werfen und auf althierarchische Abhängigkeiten hereinzufallen. Ebensowenig auf solche Gurus, die ständig betonen, keine zu sein. Auch das Feld der Selbstkultur ist vermint mit hinterhältigen Machtmechanismen. Die sichtbaren Programme sind offen und frei gestaltet, die im Hintergrund knallhart. Eine kleine Nadel sollte im Werkzeugkasten nicht fehlen. Egal, ob in Gestus, Klang oder Text, immer, wenn Blasen und Blähungen entstehen, ruhig sich trauen hineinzustechen. B(l)uff ... zisch ... schon ist wieder reine Luft und der Selbstsorger sensibler in Sachen stimulierender Kontrolle. Wer besser mit dem kleinen Hämmerchen umgehen kann – Nietzsche hat es immer in seiner Werkzeugtasche –, soll damit sein Glück ver-

suchen. Immer schön auf die Glocke. Wenn es nicht schon beim ersten Schlag hohl klingt, dann beim zweiten.

Klick.

Auch die subversive Software der Computer kann helfen. Die kleinen Ripper, mit denen man die Verschlüsselung, die Codes knacken kann. Aber schnell wieder raus aus dem Programm, wenn der Code geknackt ist.

Klick.

Die um den Titel »Sorge um sich selbst« gruppierten Praktiken sind Techniken der persönlichen Wahl und auf den konkreten Fall bezogen. Jeder Ansatz der Verallgemeinerung verfehlt ihre Ausrichtung.
Die Sorge um sich selbst entwickelt am Anfang das Gespür, einer unter vielen zu sein: die Einsamkeit der Differenz. Sie mag ungewohnt sein. »Ich bin die Einsamkeit als Mensch«, schrei(b)t Nietzsche. Die Disziplinierung zur Gemeinschaft, aus der Angst vor einem nicht mehr zu kontrollierenden Auswuchs von Besonderheit und Differenz, gehört zu den Codierungen des Selbst, die es zu transformieren gilt. »Old stories hunting us.« Es sind die »strange angels« der Identität, die uns den Zugang zu den Techniken der Selbstsorge erschweren! Die Engel der Meister-Wahrheiten.

Schnitt.

Aber wer hat gesagt, daß Lebenskunst leicht und das Werkzeug zum glücklichen Leben einfach zu handhaben wäre? Die Kultur der normierenden Verpflichtung produziert durch ihre Ausgrenzungsmechanismen zunächst Einsamkeiten in Form von Isolation. Für die anfängliche Einsamkeit der Selbstbildung wird man jedoch im weiteren Verlauf entschädigt, sowohl durch den Genuß, mit sich allein zu sein, als auch durch die Fähigkeit zur Freundschaft.

Ein neues Selbstverhältnis zu schaffen ist ein komplexer Vorgang. Nicht nur, daß man während der Fahrt das Rad wechseln muß, man ist auch noch selbst Subjekt und Objekt der Transformation. Beim Handwerk des Lebens sind wir Material und Kunstwerk zugleich. Die Begriffe »Lebensart« und »Lebensstil« verweisen darauf, daß bewußtes Leben ein kreativer Prozeß ist.

»Warum sollte nicht jeder einzelne aus seinem Leben ein Kunstwerk machen können? Warum sollte diese Lampe oder dieses Haus ein Kunstgegenstand sein und mein Leben nicht? Wir müssen uns wie ein Kunstwerk begründen, herstellen und anordnen«, sagt Foucault in einem seiner letzten Interviews. »Den ›bios‹ als Material für ein ästhetisches Kunstwerk zu denken, fasziniert mich«, heißt es in einer seiner letzten Vorlesungen. »Auch die Idee, daß die Moral eine starke existentielle Struktur sein kann, die weder an ein Macht- oder Rechtssystem noch an eine Disziplinarstruktur gebunden ist.«

Foucault findet für das, was die Romantiker die »Kunst der Kunst: die Lebenskunst« nannten, die Formulierung: Ästhetik der Existenz. Die Eleganz im Ausdruck täuscht. Der Nachdruck bei der Formulierung liegt auf »Existenz« und beim Kunstwerk auf dem Werk, dem Handwerklichen. Es handelt sich um eine Ethik, die Übungen, Regelmäßigkeit und Arbeit erfordert, von der alle Autoren sagen, wie lang sie dauere und wie anstrengend sie sei. Aber keine Angst! Der vergnügungsgestörte Pater Foucault will uns nicht wieder in große Wellen jagen, und auf der Unterseite seines Longboards steht auch nicht wie bei Dante am Eingang zur Hölle »Laßt alle Hoffnung fahren«.

Nein! Ehrwürden bleibt bei aller élégance parisienne auf dem Boden.
»Ich verstehe mich als Handwerker, der einen Gegenstand herstellt und zum Konsum anbietet, und nicht als Herr, der seine Sklaven arbeiten läßt.«
Wir müssen bei der Ästhetik der Existenz nicht zuerst Professor oder Künstler werden. Die Philosophie der Gegenwart hat ihre subversive Kraft sogar »in besonderem Maße verloren«, sagt Foucault, »weil sie zu einem Beruf für Universitätsprofessoren geworden ist. Das gilt für jedes theoretische Schreiben, bei dem es um theoretische Analyse geht«, fügt er hinzu, und »die Künstler«, das ist bei Nietzsche nachzulesen, »hören dort auf, wo ihre Kunst aufhört und das Leben beginnt.«

Das Schwert der Selbstsorge

Foucault gibt seine Cuttersoftware auch nicht an der Garderobe der antiken Lebenskunst ab. Auch bei der Selbstsorge macht er den Schnitt: »Die gesamte Antike scheint mir ein ›tiefer Irrtum‹ zu sein.«
Recht hat Foucault, auch hier den Schnitt zu machen und nicht auszublenden, daß wir es in der griechischen Antike mit einer Sklavengesellschaft zu tun haben, einer kleinen Männer-Elite, die sich auf dem Rücken der Sklaven vortrefflich selbst bilden konnte. Daß in dieser Kultur des Selbst die Frauen, deren goldenes Jahrhundert in unserer Gegenwart gerade beginnen soll, gar nicht vorkommen, daß Männerphantasien und Knabenliebe blühen und beim Sex ein Hauptthema war, ob man penetrierte oder penetriert wurde.
Diesen ganzen Kontext einer Elite und einer »Ethik der Exzellenz« im Gestus einer Status-Überlegenheit, der zur Schau gestellten aktiven Beherrschung seiner selbst und der anderen

fand Foucault nur »abstoßend«. Diese Art der smarten Selbstkultur beruhte für ihn auf gesellschaftlicher Überlegenheit, Verachtung des anderen, Nichtvorhandensein von Gegenseitigkeit und Asymmetrie. Diese griechische Kultur können wir nicht reaktualisieren. Tiefer Irrtum! Nein zum King Elite!

Schnitt.

Foucault bleibt in Bewegung auf seiner Suche nach nichtnormierenden Moralen und Existenzweisen für die Gegenwart. Immer wieder neu die Balance zu finden scheint die Schwierigkeit zu sein. Die zum universellen Gesetz tendierende Moral ist zwar sozial gerechter, weil sie für alle gilt, aber ihre Praxis produziert Unterwerfungen und Ausschließungen durch Normierung. Und die auf persönliche Wahl und den jeweiligen Fall fundierte Ethik der antiken Selbstsorge führt die Gefahr des Elitären mit sich. Auf der einen Seite das »Unglück«, auf der anderen Seite der »Irrtum«. Unglück und Irrtum der Antike. Beide entwickeln in je verschiedenem Modus Asymmetrien. Hier die Macht der Quote, dort die Macht der wenigen. Wobei sich beide Modi immer wieder wechselseitig durchdringen können.

Kennen wir das nicht? Wäre Foucault Rocksänger gewesen, hätte er vielleicht, im Blick auf solche Machtausformungen, eine CD mit dem Titel »Keine Macht für niemand!« gemacht.

Schnitte. Immer wieder Schnitte.

Foucault hat jetzt zwei Bezugsgrößen: Ein Werkzeug und ein energetisches Zentrum. Sein Werkzeug kennen wir schon. Es ist die Schere für den Schnitt, naturgemäß als digitale Software. Mit ihr macht er auch seinen »final cut«: Sorge um sich selbst,

Selbstkultur, Selbsterfahrung, Arbeit an sich selbst, Ästhetik der Existenz, Lebenskunst.
Diese »Technologie der Selbstkonstitution«, sagt er in einem späten Interview, diese Praxis der Selbsterfindung »durchschneidet symbolische Systeme, während sie sie gebraucht«. Jetzt wird auch deutlicher, was Foucault mit dem schon zitierten Satz, »denn Wissen dient nicht dem Verstehen, sondern dem Zerschneiden«, meint. Wenn wir verstehen, haken wir in der Regel ab. Okay, verstanden und tschüß! Antike: frauenfeindlich, Sklavengesellschaft, elitär ... Tschüß! Nicht zu gebrauchen.
Zerschneiden wir aber und sehen uns die Schnittflächen an, wollen wir mehr davon verstehen und finden dann womöglich Werkzeuge, mit denen wir etwas machen können. Wir finden dann womöglich in der als konkrete Lebensalternative unbrauchbaren Selbstkultur der Antike eine Sichtweise auf unser Leben und entsprechende Techniken des Selbst, die für unsere heutige, individuelle Selbstsorge brauchbar sein können. Durch den Schnitt erst werden sie interessant.
Damit keine Mißverständnisse aufkommen: Das hat in erster Linie nichts mit mehr oder weniger theoretischer Bildung oder gar professoralem Spezialwissen zu tun; das Schneiden findet auf jeder Ebene des Wissens statt. Und bei Foucaults »final cut« haben gerade diejenigen Schwierigkeiten, deren Wissen hochgerüstet ist.
An dieser Stelle wird Foucault zum Samurai. Gilles Deleuze, sein philosophischer Mitstreiter, hat auf die enorme Schnelligkeit im Denken Foucaults hingewiesen. Am Schnittpunkt von Theorie und Praxis gleicht Foucault Uma Thurman in Tarantinos »Kill Bill«. Wusssch! Bei jeder Wissensform, die nicht darauf ausgerichtet ist, die Fesseln, um die sie weiß, in der Praxis zu lösen, zieht Foucault das Samuraischwert Marke »Hattori Hanzo«.

Schnitt.

Dieser Schnitt geht mitten durch sein Herz. Er, der mit Wissen hochgerüstete Eliteprofessor, kennt diese Art des Wissens zur Genüge. Er wurde damit normalisiert. Abseits der modischen Selbstbeherrschung der Eliten findet er bei den Philosophen der römischen Antike sein »Satori«. Bei Philosophen, die auch Sklaven teilhaben ließen an ihrem Wissen, bei solchen, die sogar selbst einmal Sklaven waren. Bei Diogenes von Sinope, Epikur, Epiktet, Seneca, Plutarch, um nur einige zu nennen. Von ihnen lernt er im Kontext der Selbstsorge eine Wissensform, die an Übungen gebunden ist, eine Wissenstechnik, die uns durch praktische Übungen verändert. Aus der Perspektive dieser Übungen zerschneidet Foucault noch einmal anders die Zwangsjacke der aus Theorien geschneiderten Wahrheit.

Die »Wahrheit« des Selbst, oder muß man sagen: die »Erfahrung« des Selbst, hat ihren Preis: Askese. Askese im Sinne von selbstgewählter Übung, nicht unter rigider Kasteiung erzwungen von einem inneren oder äußeren Gewissensleiter. Ein Selbst, das es noch gar nicht gibt, soll erst gebildet und nicht unter Geständnispflicht im Namen einer schon existenten Wahrheit zum Verschwinden gebracht werden.

Foucault unterscheidet auch hier genau die Modi der Askesen. Wichtig ist zunächst der Übungsaspekt. Nicht umsonst betont er im Kontext des griechischen Wortes für Selbstsorge »epimeleia heautou« den etymologischen Bezug zur Gymnastik, zum Sportiven. Auf diesem Feld wird sofort evident, was Foucault meint. Die Philosophen der griechisch-römischen Antike griffen oft auf die Metapher des Ringens zurück, um Selbstbildung zu illustrieren. Im Kontext der »paraskeue«, der geistig-seelischen Zurüstung bzw. der Ausrüstung, die das Selbst sich zulegt, müssen wir uns bei der Selbstbildung ständig wie ein Ringer für den

Wettkampf üben, um auf der Hut zu sein und uns nicht umwerfen zu lassen.

> »Wir müssen ständig üben wie ein Ringer; er lernt nicht alle möglichen Bewegungen, er verausgabt sich nicht in nutzlosen Großtaten, sondern er bereitet sich auf einige Bewegungen vor, die er im Wettkampf braucht, um seine Gegner zu besiegen. Gemäß diesem Vorbild brauchen wir uns keine großen Leistungen abzufordern (die philosophische Askese betrachtet jene Personen mit großem Mißtrauen, die sich mit ihrer Enthaltsamkeit, ihrem Fasten und ihrem Wissen um die Zukunft brüsten). Gleich dem guten Ringer sollen wir ausschließlich das lernen, was uns den Ereignissen standzuhalten erlaubt, die eintreten können; wir müssen lernen, uns durch sie nicht aus der Fassung bringen zu lassen.«

Durch die Übungen der Selbstsorge wappnen wir uns und lernen, unsere Spezialgriffe anzuwenden. Wir machen uns mit unseren Stärken so vertraut, daß wir sie griffbereit haben, wenn wir sie brauchen. Sie sitzen uns dann quasi in den Muskeln.

Über die Metapher hinaus ist sofort einsichtig, daß ein Ringer, der seine Handgriffe, seine Kraft und Ausdauer nicht trainiert, im Wettkampf sofort auf der Matte liegt. Er würde aber genauso schnell auf der Matte liegen, wenn er, statt zu trainieren, andere Ringer nur beobachtet, ihre Bewegung studiert und so versucht, ihre Taktik zu verstehen. Ohne Übung und Training würde ihm das im Wettkampf wenig nützen. Auf der Matte zählt das nicht. Mit dem entsprechenden Training wäre es, wie die Sportler heute immer mehr erfahren, ein wichtiger Bonus im Kampf: mentales Training.

Vielleicht läßt sich damit ganz gut beschreiben, was Foucault mit Theoretisierung der Philosophie, mit dem Abkoppeln des »Erkenne dich selbst« von der »Sorge um sich selbst« beschreibt. Philosophie wurde zu einer Art mentalem Training, das ungemein die Beobachtung schult, Kategorien des Denkens, Erklärens und Verstehens entwickelt, Ideen und Wahrheiten entwirft, Imperative aufstellt, Gut und Böse unterscheidet, die Grenzen von Vernunft und Wahnsinn absteckt, indem sie die Psyche durchleuchtet, aber dabei nicht auf der Matte ist. »Wichtig iss auf'm Platz«, sagt man im Fußball. Die Philosophen des Mentalen gleichen da den Experten auf der Tribüne, in deren Köpfen das Spiel ganz anders laufen soll. Um den Unterschied zwischen Platz und Tribüne zu erfahren, muß man nicht Zinédine Zidane oder Roberto Carlos sein. Man muß nur in einer Thekenmannschaft spielen, um schnell zu merken, daß die Tribünen-Vorstellungen dem Platz nicht gerecht werden. Aber es macht Spaß, ähnlich dem Genuß in der Selbstbildung, zu spüren, wie man besser wird, wenn man zweimal die Woche spielt. Sich dann aber gleich mit Zidane vergleichen zu wollen, würde sofort wieder auf'm Platz ad absurdum geführt.

Genau diesen fatalen Verwechslungen kann die nur mentale, theoretische Philosophie anheimfallen. Man kann so tun, aber ist es nicht. In der Philosophie ist es dann möglich, unmoralisch zu sein und doch die Wahrheit zu wissen. Es fehlt die Platzkorrektur, die Übung in der Sorge um sich selbst.

Foucault nennt den Namen Descartes, in dessen Definition des Subjekts »Ich denke, also bin ich« sich das Unglück der Antike, die Theoretisierung der Philosophie auf andere Weise wiederholt und der damit die Weichen stellt für die Moderne.

»Mit Descartes genügt die direkte Einsicht. Nach Descartes haben wir ein nichtasketisches Wissenssubjekt. Dieser Wandel ermöglicht die Institutionalisierung der modernen Wissenschaft«, sagt Foucault in einem Interview während seiner Gastprofessur 1983 in Berkeley. Klar, Foucault vereinfacht, spitzt zu und personalisiert hier, aber die philosophische Tendenz, die bei Descartes zum Ausdruck kommt, wäre aus der Sicht der

Selbstbildungsphilosophen der Antike Hybris. Descartes' Annahme, um zur Wahrheit zu gelangen, genüge es, daß ich irgendein Subjekt bin, das sehen kann, was evident ist, würden sie mit Stirnrunzeln begegnen. Im Unterschied dazu fragten sie: Wie und nach welchen Übungen ist die Lebensweise des Subjekts zu ändern, damit es erkennt? Wie sind die Seinsvoraussetzungen für den Zugang zur Wahrheit? Nach ihrer Vorstellung muß man also zunächst auf eine bestimmte Art leben, um überhaupt die Wahrheit erkennen zu können.

Und auch moderne Therapeuten wissen nur zu gut, wie oft die im Brustton der Überzeugung vorgetragenen Evidenzen ihrer Klienten auf der Couch mächtig ins Schwimmen kommen. Freud hat klar und deutlich gesagt, daß es nicht reicht, die Psychoanalyse nur zu studieren und gedanklich zu verstehen, sondern das Entscheidende passiert, wenn man sich einer Psychoanalyse »unterzieht«. Wichtig iss eben auf'er Couch. Die Neurosen, um die man weiß, ist man noch nicht los.

Foucault, Freud gegenüber mit Reserven, betont in seinen an Heidegger erinnernden etymologischen Recherchen den Bezug der Selbstsorge zum Therapeutischen. Es geht dabei auch um therapeutische Prozesse. Therapeuten und Klienten wissen heute, daß es länger dauern kann, bis man durch diese Art der Askese sich selbst, die anderen und die Welt »klar und deutlich« sehen kann. Allein schon die Überwindung der Widerstände gegen solcher Art Askesen kann dauern. Die Überwindung gelingt nur, wenn der Klient eine Erschütterung erfahren hat, wenn er nicht mehr reibungslos funktioniert, d.h. ein Leidensdruck ihn aufruft, sich zu verändern. Gleichzeitig muß etwas im Selbst mit der Askese korrespondieren. Beides beschreibt Foucault im Blick auf die antike Lebenskunst: die Erschütterung des Subjekts, die zu einer Konversion, zu einer Rückwendung auf sich selbst führt, zu einem Punkt, wo die »körperlichen und

seelischen Übel miteinander kommunizieren und untereinander den Platz tauschen können; es ist der Punkt, wo die schlechten Gewohnheiten der Seele körperliches Elend nach sich ziehen können, während die physischen Exzesse die Fehler der Seele zum Ausdruck bringen«.
Foucault beschreibt eine Zone im gesellschaftlich normierten Subjekt, in der Erregungen und Störungen überwechseln, eine »Natur«, Foucault setzt Anführungszeichen, die in Anbetracht der Irrtümer, Verformungen, schlechten Gewohnheiten und Abhängigkeiten, die sich seit Lebensbeginn verfestigt haben, noch keine Gelegenheit hatten, sich zu manifestieren. Dieser Schnittpunkt im Subjekt, an dem die Erregung von den Mechanismen der Macht noch nicht völlig normiert wurde, wird zum Referenzpunkt der Sorge um sich selbst. Aus diesen noch ungebundenen Erregungen formt sich durch geduldiges Üben ein Selbst. Es ist keine Rückkehr zur Jugend oder Kindheit, denn auch sie wurden vereinnahmt von fehlerhaften Erziehungs- und Glaubenssystemen. Es ist eher das Aktivwerden einer Störung der sonst reibungslos abgespulten Funktion. Es ist der Beginn der Verwandlung zwei, von der Nietzsche im »Zarathustra« spricht, der Verwandlung vom Löwen zum Kind. Es ist die zweite Bezugsgröße Foucaults, die in der Selbstpraktik mehr und mehr zum zweiten Navigator wird, einerseits zur Waffe gegen die Normierung, andererseits Stoff und Werkzeug der Selbstbildung.

Rewind:

»Ich komme mir ein wenig vor wie jener Typ, der ein Tauchmanöver unternommen hatte und sich unter seiner Glocke zwischen Sand und Fels befand. Und dann, siehe da, jetzt ist das Meer da, endlich, die Untergründe, sie steigen an, und ich befinde mich fast an der Wasseroberfläche.«

Fast forward:

Der radikale Journalist durchquerte die Geschichte unter der Perspektive des Aktuellen und die Gegenwart mittels der Geschichte. In der Lebenskunst der römischen Antike mit ihrem Ensemble von praktischen Übungen, die eine andere Form der Subjektivierung, der Selbstbildung, als wir sie kennen, beschreiben, fand Michel Foucault Ansätze einer möglichen Existenzweise im Blick auf die Gegenwart, in der die traditionellen Werte des Religiösen, Ethischen und Politischen porös werden. In der antiken Sorge um sich selbst sah er die Widerstandsenergien ins Werk gesetzt, die wir heute brauchen, um den von ihm beschriebenen Normierungs- und Normalisierungstendenzen der Gesellschaft produktiv die Stirn zu bieten. In der kreativen Anverwandlung und dem Bewußtsein der historischen Distanz könnten diese Übungen und Praktiken der Antike helfen, die Spaltungen zwischen Reden und Handeln, Theorie und Praxis zu überwinden.

Foucaults Vision war eine neue Lebenskunst. In der Antike findet er solche Formen des Um-sich-selbst-Kümmerns präformiert. Weg und Ziel dieser Techniken des Selbst sind: Selbstbeherrschung jenseits der normierenden Zwänge, innere Ruhe und Distanz mitten im Handeln und nicht zuletzt eine von Lust und Heiterkeit erfüllte Beziehung zu sich selbst. Befreiung? Wovon? Von der Knechtschaft seiner selbst.

Während seiner Gastprofessur in Berkeley 1983 auf zukünftige Buchprojekte angesprochen, antwortet Foucault: »Nun, ich werde mich um mich selbst sorgen ...«

Ein Jahr später, am 25. Juni um 13 Uhr 15, stirbt er in der Salpêtrière-Klinik in Paris an Aids. Bei der Beerdigung am 29. Juni auf dem kleinen Friedhof von Vendeuvre wird keine Musik gespielt.

Der Song, den Jackson Browne für Michel Foucault geschrieben hat, wurde 14 Jahre später aufgenommen:

»Gather your deeds and your possessions
Whatever certainty you've known
Forget your heroes
You don't really need those last few lessons
Stand in the open
The next voice you hear will be your own.«

Foucaults Vitamine:

Vitamin A: Du mußt dich um dich sorgen, du darfst dich nicht vergessen!

Auch Foucaults Basisvitamine der Lebenskunst geben in der handlichen Kurzformulierung Anlaß zu Mißverständnissen. Ihre notwendigen Erläuterungen schwingen dann aber mit, wenn wir sie als Merkspruch und Losungen in der konkreten Lebenssituation erinnern.

»Du mußt dich um dich sorgen« – bei dieser allgemeinen Regel der antiken Lebenskunst assoziieren wir zunächst Egoismus und Weltflucht. Das klingt so, als wären die anderen, die soziale Welt um uns, nicht so wichtig. Zugleich können die Übungen der Selbstsorge Erinnerungen an Prüfungen in der Schule oder an aus solchen Regeln hervorgegangene rigide Moralen christlicher oder puritanischer Herkunft in uns wachrufen.

Das läßt sich zwar historisch alles nachvollziehen, aber in dem vitaminösen Kern der antiken Selbstsorge stecken geistige Katalysatoren für ein gutes Leben. Auch die Assoziationen »Egoismus« und »Weltflucht« sind historisch zu erklären. In unserer vom Christentum geprägten Kultur liegt bei dem Leitsatz »Liebe deinen Nächsten wie dich selbst« der Nachdruck auf dem

»Nächsten«, und das »selbst« wurde ein wenig vernachlässigt. Vielleicht ein Grund, warum die antike »Sorge um sich selbst« von den Historikern nicht mehr thematisiert wurde.
Aber schon die zentrale Stelle der Sorge um sich selbst bei Platon im »Alkibiades« verweist auf eine Anbindung der Selbstkultur an die soziale Gemeinschaft. Sokrates mahnt den reichen Jüngling aus einflußreichem Haus, bevor er ein politisches Führungsamt übernähme, müsse er sich unbedingt um sich selbst sorgen, damit er verantwortungsvoll Führungsaufgaben in der Polis ausfülle. Sokrates war im Rahmen der »Sorge um sich selbst« eine Art Coach für Alkibiades. Dabei ging es in erster Linie nicht um die Klärung und Formulierung politischer Visionen, sondern um die Selbstbildung des Alkibiades, um psychische Dispositionen, die störend wären beim politischen Amt, Unbeherrschtheiten im Charakter, unangemessener Zorn zum Beispiel. Cholerik war ein ständiges Thema in der Selbstsorge. Auch wenn in der Selbstsorge der römischen Antike dieser politische Aspekt in den Hintergrund tritt, bleibt er indirekt über diverse Übungen zur Selbstbeherrschung im Fokus.
Auf der anderen Seite erfahren wir alle, ob durch den Beruf, die Kinder oder ein zeitraubendes Hobby, den Mangel an Muße, der sich dann oft in Gereiztheit, Lustlosigkeit und leichten Burned-out-Symptomen äußert. Die »skhole«, die glückliche Muße in der Arbeit an sich selbst, ist ein wichtiger Aspekt der Selbstsorge.
Deshalb sollten wir einen kleinen Sokrates auf der internen Festplatte installieren, ein Warnprogramm, das uns bei Übersteuerungen, Überidentifikationen und Überreizungen in Erinnerung ruft: Sorge dich um dich selbst!

Vitamin B: Check it out!

Die Erinnerungsübung:
Es bleibt uns nicht erspart, uns einer kleinen Prüfung zu unter-

ziehen. Es geht um die nüchterne Analyse des Ist-Zustandes. Welches Verhältnis haben wir zu uns selbst?

Wo stehen wir? Was hat man aus uns gemacht? Was können wir verändern? Wohin wollen wir? Der liebevolle »Controller« Sokrates war im Abendland einer der ersten, der die Selbstsorge in Gang gesetzt hat. Bei sich selbst und auch bei anderen. Er ist nur eine Hilfskonstruktion, und wenn er seine Funktion erfüllt hat, können wir ihn wieder vergessen, wie eine Leiter, auf der wir hochgestiegen sind.

Die philosophischen Lebenskünstler haben für dieses innere Controlling eine einfache Übung. Der Haken dabei ist: Man muß sie beherzigen, man muß sie machen, immer wieder, so gut man kann. Auch eine gute Vorhand im Tennis will ständig geübt werden, sonst ist sie nicht hart, nicht plaziert und für den Gegner nicht gefährlich genug.

Um dahinterzukommen, wo wir stehen, sollten wir ein Viertelstündchen reservieren, am besten bevor wir zu Bett gehen, um den Tag vor unserem inneren Auge bzw. durch die unbestechlichen Augen des Sokrates Revue passieren zu lassen. Was habe ich den ganzen Tag über gemacht? Einfach registrieren, am besten aufschreiben. Schreiben hatte bei diesen Selbstsorge-Philosophen die Funktion, sich selbst aufzuschreiben. Das gute alte Tagebuch läßt grüßen. Nicht vergessen: Der innere Trainer Sokrates ist kein Zensor. Er registriert nur, was tagsüber vorgefallen ist. Er urteilt nicht. Wenn wir uns an das Vorgefallene erinnert bzw. es aufgeschrieben haben, können wir schlafen.

Nach dem Aufwachen lesen wir das am Abend Notierte nochmals durch und planen kurz den Tag. Was steht an? Was ist zu tun? That's it!

Das wurde in der Antike Philosophie genannt. Eigentlich sehr einfach! Nur sollte man es tun. An dieser kleinen Übung wird nochmals deutlich, was Selbstsorge bedeutet und was nicht.

Wissen wir um diese Übung, dann haben wir sie noch nicht gemacht. Der einzige Unterschied zum Nichtwissenden ist der: Wenn wir darum wissen, besteht die Möglichkeit, daß wir die Übung aufgrund der Kenntnis vielleicht einmal ausprobieren und dann die Erfahrung ihrer Wirkung spüren. Machen wir die Übung nicht, können wir auf Partys oder sonstwo das Wissen über diese philosophische Übung zum besten geben, um vielleicht für einige Menschen interessanter zu erscheinen. Mehr aber nicht. Im Blick auf eine mögliche Veränderung wissen wir auf der Ebene des Nichtpraktizierens genausoviel wie jemand, der von dieser Übung nichts weiß. Also machen!

Wer eine Erklärung braucht, warum diese Übung so wichtig ist, noch dies: Erinnern wird in der Selbstsorge groß geschrieben. Es ist eine Art Meditation gegen Zerstreuung und innere Leere. Wer sich nicht erinnert, gleicht dem Mann in der Unterwelt (dieses Bild stammt aus einer alten Fabel und taucht im Zusammenhang mit der Erinnerungsübung immer wieder auf), der aus Binsen ein Seil dreht und immer das, was er fertig hat, von einem Esel auffressen läßt. Ebenso kann bei vielen Menschen stumpfe, undankbare Vergessenheit alles verschlingen, jede Tat, jeden Erfolg, alle glückliche Muße in fröhlicher Gesellschaft, überhaupt jeden Genuß. Diese undankbare Vergessenheit kann sich zu keiner Form der inneren Identität bilden; sie läßt eine Leere zurück. Ein Nichts.

Es gibt eine Zeile in einem Song von Mitch Ryder: »I'm not sad tonight, I'm just remembering«. Das drückt genau die Haltung dieser Erinnerungsübung aus: Ich bin nicht traurig heute nacht, ich erinnere mich nur.

Vitamin C: Sei freimütig!

Unter den Begriff der »parrhesia« faßten die Griechen eine Haltung, die man mit »freimütig, aufrichtig, redlich« übersetzen kann. Damit Freimütigkeit zum Ethos, zur Haltung wird, ist es »dienlich«, zunächst bei der Selbstbeobachtung redlich zu sein. Wir machen uns nur zu gerne etwas vor. Selbstbild und Fremdbild driften oft auseinander. Aber »nobody is perfect«. Das genaue Festhalten der eigenen Fehler ist der erste Schritt, sich davon zu lösen. Manchmal ist das nicht einfach. Wir kleben an unseren Fehlern, selbst wenn wir darum wissen und sie als störend empfinden. Wir lieben unsere Symptome wie uns selbst. Sie sind uns zur Gewohnheit geworden.

»Wir wollen lieber noch das Nichts«, sagt Nietzsche, »als einen Moment in der Blöße stehen.« Wir geben uns eine Blöße, wenn wir Fehler an uns registrieren. Das tut weh. Deshalb bleiben wir lieber in der schlechten Gewohnheit, denn das Neue ist ungewiß. Es hilft aber nichts; um ins Werden zu kommen, sind die Fehler klar zu benennen. Und je mehr Fehler wir zugeben können, um so freimütiger können wir auch nach Außen damit umgehen. Der liebevolle Controller Sokrates läßt sich nicht betrügen. Manchmal ist ein anderer notwendig, eine Freundin, ein Freund, bei dem man sich rückversichern kann. Die Philosophen der Selbstkultur haben diese Art »Handreichung« der anderen immer wieder betont. Es muß eben kein Guru sein, wo all die Hierarchien, Wahrheits- und Machtspiele wieder einrasten. In einer seriösen Therapie übernimmt der Therapeut zeitweilig diese Funktion. Das Eingestehen der eigenen Fehler durch die Erinnerungsübung löst auch die innere Projektionsmaschinerie von uns ab. Wir bilden allzugerne die eigenen Fehler auf andere ab. Die eigenen Fehler zu sehen löst gleichzeitig unsere Bilder von den anderen. Diese Inversion unserer Projektionen läßt uns den anderen dann mit anderen Augen sehen. Wir selbst und die anderen werden dann, wie man im Popjargon sagt, »Really real people«.

Mit jedem Eingestehen eines weiteren Fehlers werden wir freimütiger. Die Energien zur Verstellung, zur Maskierung unserer Fehler werden frei für freimütiges Reden. Hier kommt so etwas wie Wahrheit ins Spiel. Wahres Reden über uns selbst. »Volles Sprechen« nennt das der französische Psychoanalytiker Jacques Lacan. Wenn wir uns nicht mehr verstellen müssen, können wir uns, so wie wir sind, besser genießen. Ruhe und Gelassenheit treten ein. Mit etwas weniger Streß können wir sein, wie wir nun einmal sind, natürlich nie perfekt, aber immer ein bißchen freimütiger.

Im Grunde ist es auch eine Arbeit an sich selbst für die anderen. Durch die eigene freimütiger gewordene Haltung, durch die Veränderung unseres Seins, laden wir andere ein, auch etwas freimütiger zu werden im Umgang mit uns. Es stellt sich eine ungezwungene fröhliche Geselligkeit ein. Eros kommt ins Spiel. Hier kann, mit Foucault gesprochen, »King sex« abdanken und Eros, der Sex nicht ausschließt, ins Spiel kommen. In diesem Modus der Freimütigkeit, des wahren Redens verändern uns Beziehungen.

Foucault sieht in dieser Kultivierung der Freimütigkeit auch eine politische Aktivität, eine Form des Widerstandes gegen politische Macht. In dem Zusammenhang fällt der Begriff »revolutionäre Subjektivierung«. Worin besteht das Revolutionäre in dieser praktischen Ethik der Selbstkultur? Foucault hatte analysiert, daß das Perfide an der Macht in der Kontrollgesellschaft gerade in ihrer individualisierenden Dimension besteht. Es geht heute nicht mehr so sehr darum, das Individuum vom repressiven Staat zu befreien, da der Staat selbst die Matrix unserer Individualisierung geworden ist. Die Weise, wie Individuen gelenkt werden, und die Weise, wie sie sich selbst verhalten und einordnen, haben sich miteinander verbunden. Der moderne Staat umsorgt, normiert und identifiziert die Individuen, schafft eine Vielzahl an Individualisierungstypen, an die sich die Individuen anpassen. Dem ist nach Foucault das Entstehen neuer Subjektivitätsformen entgegenzusetzen, die gegen das Verschwinden der individuellen Identität aufbegehren. Was Foucault nun am Ende seines Lebens mit »Ethik der Existenz« bezeichnete, war für ihn von aktueller politischer Relevanz. Auch wenn die historisch analysierte Kultur des Selbst in der hellenistisch-römischen Antike nur für eine damalige Elite galt – ihre Grundhaltung zum Selbst und die Techniken der Selbstsorge sah Foucault für das Heute als Strategie einer »revolutionären Subjektivierung« und als Lebensweise im Widerstand gegen die Mächte der Kontrollgesellschaft. Wenn es gelänge, freimütig und aufrichtig im Sinne der »parrhesia« zu sein und Selbstsorge, Offenheit und Freundschaft als Lebensform zu kultivieren, dann steckte für Foucault in diesem Rückgriff auf die Tradition der Lebenskunst das Potential für eine individuelle Freiheitspraktik.

Selbst der smarte Sting scheint eine Ahnung von der Freimütigkeit zu haben, zumindest im Song: »Be yourself, no matter what they say«.

Diskographie

David Bowie: *Bring me the Disco King*
Lucinda Williams: *Steal your love*
Solomon Burke: *Flesh and Blood; Don't give up on me*
Richard Thompson: *Beat the retreat*
The Doors: *Break on through*
AC/DC: *Hells Bells*
Van Morrison: *I forgot that love existed; When a Child was a Child; No guru, no teacher, no method; Philosopher's Stone*
Van Morrison & John Lee Hooker: *Wasted years*
Bob Dylan: *Blind Willie McTell; Tombstone Blues; Dignity; You gonna have to serve somebody; My back pages; Like a rolling stone; Rainy day woman # 12 & 35; It's alright, Ma; Not dark yet; When I paint my Masterpiece; It's all over now, Baby Blue; Sign on the window; All along the watchtower*
Bob Dylan & Eric Clapton: *Sign language*
Nine Inch Nails: *Into the void*
Jackson Browne: *Next voice you hear*
Del Amitri: *Driving with the brakes on*
Ton, Steine, Scherben: *Keine Macht für niemand*
Elvis: *Hound dog*
John Lennon: *Why don't we do it in the road*
Janis Joplin: *Me and my Bobby McGee*
Pink: *God is a DJ*
Joni Mitchell: *God must be a Boogie Man; Both sides now*
Joe South: *Games people play*
Madonna: *Bedtime stories*
Talking Heads: *Stop making sense*
Peter Gabriel: *Washing of the water*
Rolling Stones: *Satisfaction*
James Browne: *Sexmachine*

Wir sind Helden: *Wir müssen nur wollen*
Paul Simon: *Quiet*
Graham Parsons: *Love hurts*
Songs: Ohia: *Just be simple*
Bad Company: *Can't get enough*
Warren Zevon: *Keep me in your heart*
Mitch Ryder: *I'm not sad tonight*
Nirvana: *All Apologies*
Sex Pistols: *Anarchy in the U.K.*
Sting: *Be yourself*

Lektüre-Tips

Diotima
Platon, Das Gastmahl

Friedrich Nietzsche
Schopenhauer als Erzieher; Morgenröte; Fröhliche Wissenschaft; Also sprach Zarathustra

Diogenes von Sinope
Diogenes Laertius, Leben und Meinungen berühmter Philosophen; Die Weisheit der Hunde. Texte der antiken Kyniker (Hrsg. v. Georg Luck)

Albert Camus
Mythos von Sisyphos; Der Fall; Heimkehr nach Tipasa/Hochzeit des Lichts; Der Fremde

Heraklit
Fragmente

Epikur
Briefe, Sprüche, Werkfragmente

Michel de Montaigne
Essais

Arthur Schopenhauer
Aphorismen zur Lebensweisheit; Die Welt als Wille und Vorstellung

Pyrrhon
Diogenes Laertius, Leben und Meinungen berühmter Philosophen; Sextus Empiricus, Grundriß der pyrrhonischen Skepsis

Caroline Schlegel-Schelling
Die Kunst zu leben

Gilles Deleuze
Mille Plateaux (mit Félix Guattari); Der Faden ist gerissen (mit Michel Foucault); Was ist Philosophie? (mit Félix Guattari); Dialoge (mit Claire Parnet)

Hannah Arendt
Vita activa oder Vom tätigen Leben; Eichmann in Jerusalem; Denktagebuch

Michel Foucault
Die Sorge um sich (Sexualität und Wahrheit, Bd. 1–3); Hermeneutik des Subjekts (Vorlesungen 1981/82); Überwachen und Strafen

Danksagung

Dieses Buch ist im Kontext einer kleinen, unregelmäßigen Fernsehserie in der Sendung »Kulturzeit« bei 3sat mit dem Titel: »Philosophische Vitamine« entstanden.

Mein Dank gilt zuallererst Dorothee von Meding, der Redakteurin der Vitamine. Ihre langjährige Erfahrung und Sensibilität hat mir immer geholfen, das Sperrig-Philosophische auf eine nicht reduktive Weise fernsehtauglich zu machen. Michael Schaper und Armin Conrad, die Chefs der »Kulturzeit«, haben die Serie von oben gestützt, Thomas Schnabel auf der Produktionsseite, und über die Serie hinaus hat Daniel Fiedler die Kooperation mit dem Verlag ermöglicht. Thanks!

Ohne Detlef B. Linke, den Hirnforscher und Philosophen, wären die »Philosophischen Vitamine« so nicht entstanden. Ein wunderbarer Mensch und Generalist, der ungewöhnliche Brücken schlägt zwischen Hirnforschung, Poesie und Philosophie. Seine Kommentare haben den filmischen Essays immer eine neue und überraschende Dimension gegeben. Herzlichen Dank!

Simone Stevens, Leiterin der »ifs« (Internationale Filmschule in Köln) hatte sofort einen sense für das Thema und ermöglicht mir, im Rahmen einer Dozentur an der ifs im Gespräch mit ihr, den Studenten und Angestellten das Vitaminöse der Philosophie ständig zu differenzieren und mit anderen Erfahrungen zu sättigen. Auch ihnen allen herzlichen Dank!

Beim Schreiben des Buchs war es Ulli Tschierske, der mir am Telefon ständig sein Ohr lieh. Er hat die Texte abgehört und mit großer Einfühlung kommentiert. Vielen Dank!

Auch an Alan Bangs, der mich seit Jahren mit guten Songs versorgt, von denen nicht wenige in diesem Buch anklingen.

Nicht zuletzt haben Helge Malchow, der Verleger, und Marco

Verhülsdonk, der Lektor, das Buch auf den Weg gebracht und begleitet. Helge Malchow mit souveräner, panoramischer Ruhe und Marco Verhülsdonk mit philosophisch kluger Leidenschaft. Thanks a lot!

Julie Orringer
Unter Wasser atmen

Storys
Aus dem Amerikanischen von Bettina Abarbanell
KiWi 875
Deutsche Erstausgabe

Julie Orringers Geschichten handeln von jenem Moment, in dem das Leben einen zwingt erwachsen zu werden. Ihre Heldinnen erleben die verwirrenden Gefühle von Sehnsucht, erster Liebe und Kummer. Sie straucheln und finden doch ihren Weg in die fremde Welt der Erwachsenen. Denn alle lernen, unter Wasser zu atmen.

»Wenn man einmal mit ›Unter Wasser atmen‹ begonnen hat, wird man nicht mehr aufhören können. Orringers Geschichten sind von herrlicher Reife und großer Anmut.«
Elle

»Julie Orringer schreibt komplex und mit viel Humor. Ihre Geschichten zeugen von einer eindringlichen Intelligenz und einer bemerkenswerten Selbstsicherheit.«
Boston Globe

»Kaum hatte ich das Buch ausgelesen, kaufte ich mir eine Erstausgabe und noch ein zweites Exemplar für den Geburtstag eines Freundes. So toll ist das Buch.«
Nick Hornby

Greil Marcus
Bob Dylans Like a Rolling Stone

Die Biographie eines Songs
Mit bisher unveröffentlichten Fotos von Bob Dylan
Aus dem Amerikanischen von Fritz Schneider
KiWi 878
Deutsche Erstausgabe

Für Greil Marcus, einem der bedeutendsten Musikkritiker der Welt, markiert der Song »Like a Rolling Stone« einen tiefen Einschnitt in der amerikanischen Geschichte, aber auch in der künstlerischen Entwicklung von Bob Dylan. Nach vier Folk-Alben war er zu dem Protestsänger seiner Generation avanciert. Mit »Like a Rolling Stone« veröffentlichte er seine erste Rock 'n' Roll-Single. Doch auch die Weltgeschichte stand vor einem großen Umbruch: die Bürgerrechtsbewegung, die Studentenrevolte – alles war im Sommer 1965 greifbar. Nach diesem Moment in der Geschichte hält Greil Marcus Ausschau, nach dem Moment, wo sich Musikgeschichte und Politik begegnen. Ausgehend von den sagenumwobenen Aufnahmen zu »Like a Rolling Stone« gelingt ihm das Meisterstück, in der Biographie eines Songs die Geschichte einer ganzen Generation einzufangen.

Paperbacks bei Kiepenheuer & Witsch KiWi PAPERBACK www.kiwi-koeln.de

Manuel Andrack
Du musst wandern

Ohne Stock und Hut im deutschen Mittelgebirge
KiWi 879
Originalausgabe

Manuel Andrack, bekannt als unersetzlicher Anspielpartner von Harald Schmidt, wandert seit fast zehn Jahren in der Eifel, dem Harz oder durch die Sächsische und Böhmische Schweiz. Dabei wandert er mit Freunden, seinen Kindern und seinen Eltern, aber am liebsten wandert er allein und lange. Oft ist Manuel Andrack den ganzen Tag unterwegs, geht bis zu 40 Kilometer. Er wandert nach dem Abstieg des 1. FC Köln (mit jedem Schritt wurde der Schmerz weniger) und findet Trost beim großen Wanderer Johann Wolfgang von Goethe: »Was ich nicht erlernt habe, das habe ich erwandert.« Fundiert und unterhaltsam beantwortet er in seinem ersten Buch Fragen rund ums wandern und stellt den Lesern seine Lieblingswege vor.
Dieses Buch macht Lust auf wandern. Ohne Stöcke, ohne Hut!